SHODENSHA
SHINSHO

思わず使ってしまう おバカな日本語

深澤真紀

JN265104

祥伝社新書

はじめに――間違った日本語？　おバカな日本語？

問い　以下の日本語のなかで間違っているものはどれでしょう？

A「この寿司、マジでヤバイかも」

B「私って、コーヒー飲めない人じゃないですか」

C「じゃがいもを切ってあげてください」

D「○○社さんとは、よくお仕事させていただいています」

答え　どれもちょっとヘンですが、「間違った日本語」ではありません。
「おバカな日本語」です。

本書では、なんだかヘンだけど、思わず使ってしまうおバカな日本語を「おバカ語」と名付けて、ご紹介していきます。

「おバカ語」を大きく三つに分けて、それぞれを名付けました。

まず、「私って、コーヒー飲めない人じゃないですか」などの「自分大好き語」と、「じゃがいもを切ってあげてください」の「幼稚丁寧語」と、「この寿司、マジでヤバイかも」の「実感語」です。

これらの「おバカ語」はよく耳にしますし、マスコミなどでも、「間違っている、バカっぽい」などと叩かれることも多い言葉です。その一方で、自分の感情を表わしやすい言葉なので、使いやすいのです。

次に、「女優さんのお仕事」と自分で語ってしまう「過剰美化語」と、「〇〇社さんとは、よくお仕事させていただいています」の「代理店語」です。

これらは一見「これもおバカ語?」という印象を受けられるでしょう。かなり年配の人でも「〇〇社さん」という言い方に違和感を覚える人は減ってきていますが、実はよく使われるようになってからほんの十数年しかたっていません。

そして、他人に対して「父」ではなく「お父さん」と呼んでしまう「家族大好き語」と、「前向きに楽しみたいと思います」という「ポジティブ・エンジョイ語」と、「感動をありがとう」などの「ありがとう&リスペクト語」です。

これも、おバカ語と思いにくいかもしれません。家族が好きで、ポジティブにエンジョイして、感謝してリスペクトするのは悪いことには思えないですし。

しかしむやみに前向きすぎるこれらの言葉も、立派なおバカ語です。

私は、編集者やコラムニストとして、現代の日本語にかかわる仕事を二〇年近く手がけてきました。

また小さな企画会社も経営していて、さまざまな会社と仕事をしたり、多くの人を取材したりするなかで、「おバカ語」収集が趣味（？）の一つになりました。

そして「ヘンな言葉だなあ」と思いながらも、自分でもついつい使ってしまうのです。

誰もが気がつくと口にしてしまっている「おバカ語」。

みなさんにもぜひ、このすばらしき「おバカ語」の世界を楽しんでいただきたいと思います。

contents

おバカ語２　「じゃがいもを切ってあげてください」……39

――幼稚丁寧語

――実感語

——過剰美化語

――家族大好き語

contents

漫画　しりあがり寿

おバカ語 1

「私って、コーヒー飲めない人じゃないですか」

自分大好き語

自分大好き語

私ってこう見えてもサビシガリヤな人じゃないですか…
カワイイー♡
アイスオーレ 500
私ってこう見えてもオトコの人じゃないですか……
ヤベェ…

●わかってほしいし、ちょっと自慢だし、自分が好き

「私って○○じゃないですか」

思わず使ってしまうおバカ語の三本指に入るのがこれです。この「じゃないですか」がよく使われ始めたのは、バブル期あたりです。

誰も聞いちゃいないのに、

「私ってさみしがり屋な人じゃないですか」だの、

「私ってコーヒー飲めない人じゃないですか」

などと自分語りをしている「ワンレン女」が「カフェバー」に腐るほどいたものです。そして、初対面なのに「私って○○じゃないですか」と言われると「知らね〜

よ！」とつっこみたくなるものです。

「～な人」と、わざわざ自分に「人」をつけるのも、なかなかの自意識過剰です。自分のことを話しているのですから、「私は～です」で、十分、意味は伝わります。

「じゃないですか女」は喫茶店で「紅茶お願いします」と言ったあと、相手に「私ってコーヒー飲めない人じゃないですか」などと言うわけです。相手が初対面であろうと、自分がコーヒーを飲めないことを知っていようと、どちらでも使うのですが、その理由はこんな感じです。

（1）コーヒーを飲めないことをわかってほしいし、言い訳したい
（2）でもコーヒーが飲めない私は、なんだかデリケートな感じがしてちょっと自慢
（3）そして、そんな自分が好き

この「わかってほしい」し「ちょっと自慢」だし「そんな自分が好き」というのは、

「私ってさみしがり屋な人じゃないですか」になるともっと顕著《けんちょ》です。「私がさみしがり屋なのをわかってほしいんですよー。それにデリケートでしょ。そんな自分が好きなんですよ、私って」という「アピール」のすべてが、相手に問いかける語尾である「じゃないですか」に込められているわけです。

このように、一見ネガティブでマイナスなことほど、鼻をふくらませて語るのが、「私って○○じゃないですか」の特徴です。これを「私はさみしがり屋です」や「私はコーヒーが嫌いです」といってしまうと、まるで翻訳された日本語のようでぎごちないものです。

「じゃないですか」はいろいろな意味を込めることができる、「自分大好き語」なのです。

●思わず使ってしまう「じゃないですか」

「じゃないですか」は嫌いだという方も多いし、マスコミや投書欄などでも問題になっています。

一方、何気なく使っている人が意外に多いもので、私自身もよく使ってしまい、「あーまた、じゃないですか、といってしまった……」と思うのです。

私がよく使ってしまうのは、たとえば新製品の機能を指して、

「これって便利じゃないですか」

などと説明してしまう時です。そしてこの言葉遣いをしていると、自分でも押し付けがましさを感じます。それは、「これって便利なんですよ」と言えばいいのに、「便利じゃないですか」と言うことで相手に会話の下駄を預けてしまうから。

このように「私ってさみしがり屋じゃないですか」とは使わなくても、「じゃないですか」を使ってしまう人は意外と多いものです。たとえば着ているジャケットを「それいいよね」と言われたとき（褒《ほ》められたというちょっとした居心地の悪さや照れがあるのかもしれませんが）、

「これって雨のときにも着られるじゃないですか」

と答えてみたり。

「そのボイスレコーダーいいね」と言われて、「ええ。便利ですよ」と言い切ってしまわず、「これって便利じゃないですか」と会話を相手に戻したり。

一見謙遜《けんそん》しているようで、押し付けがましいという意味では、これも「自分大好き語」だといえるのです。

●「○○じゃないですか」はモテるための話法

「私って今年五人から告白されたじゃないですか」というプラス情報を伝える場合には、「じゃないですか」は効果的ではありません。そんなことを言ったら、「なんだよ、その自慢」ってなものです。

やはり、

「私って男運がイマイチじゃないですか」

などというマイナス情報を伝えるほうが、効果的なのです。

もともとプラス情報は、自分からアピールせずともみんなからほめてもらえるものですが（「すごーい、モテるねー」）、マイナス情報は「じゃないですか」でアピールすることによって、無理矢理にでもほめてもらえるわけです（「えーそんなふうに見えないよー。モテそうだしー」）。

「じゃないですか」を使うのは女性が多いのですが、この言葉を使うとき、女性はどこかで小悪魔モードになっています。女性には、わがままで気ままな小悪魔幻想、悪い女幻想、子猫ちゃん幻想が、多かれ少なかれあるものです。

「私って悪い女よね」とか「私って子猫みたいっていわれるの」と言っている女は、一〇〇パーセント鼻がふくらんでいるものです。「じゃないですか女」は、「ダメな私もキュートでしょ？」と、自分の小悪魔さをアピールして、マイナス要素さえもほめさせてしまうのです。
そして、女性向けの恋愛本には「女には隙《すき》がないとモテない」と必ず書かれています。「完璧な女では、男が声をかけづらくてモテない」と。
そしてその「スキ」が「じゃないですか」に表われているわけです。

「私ってお掃除苦手じゃないですか」

「私って低血圧で朝起きられないじゃないですか」

ちなみにこの「いい女は低血圧文化」は、一九六七年（昭和四十二年）生まれの私が、中学高校時代からあったものです（「トレンディ女優」の浅野温子《あさのあつこ》や小林麻美《こばやしあさみ》あたりのイメージでしょうか）。低血圧はずいぶん前から女のモテ要素でした。
こうした隙や弱さがあったり、うっすらだらしなかったりしたほうがモテるし、異性に受け入れられやすいものなのです。はっきりとだらしないのでは困りますが、うっすらとだらしない女には、男は「オレがいてやらなきゃ」と思ってしまうところがあるわけです。

「おまえ、○○ちゃんとつき合ってんだ！　あの子カワイイよね、うらやましいなぁ」と友だちに言われて、「いやあ、アイツ掃除とか苦手で、だらしないトコあんだよな」などと言っているときの男は、うれしそうなものです。「コイツ、オレの前だとだらしないんだよな」という状態がうれしいのでしょう。

このように「じゃないですか」を上手に使うことで女性は、自分の持っている「悪いカード」さえ、モテ要素に替えてしまうわけです。

そして最近はこの「じゃないですか」テクニックを、モテのために使う男性も増えてきています。

●「じゃないですか」を使う人は、「簡単そう」に見える

「じゃないですか」を使うとモテるもう一つの理由には、秘密を共有している感覚を

うまくつくりだしていることがあります。
たとえば、

「あなただから言うんですけど……、私ってさみしがり屋じゃないですか」

と言われたら、ちょっとドキッとしますよね。

しかし、実際には秘密でもなんでもなくて、こういう人たちは、はじめて出会い、もう二度と出会わないであろうタクシーの運転手にさえ「私ってさみしがり屋じゃないですか」と言ってしまうくらい脇が甘いものなのです。

そしてその脇の甘さも含めて、モテるのです。

なぜなら、自己開示する人は、なんだか「簡単そう」な感じがするからです。これは恋愛本にある「隙」と通じるものです。モテたいと思うなら「簡単そう」と思わせるのが、いちばん「簡単」です。

プライドが高い人は、たとえ本当はさみしがり屋でも「私ってさみしがり屋じゃないですか」とは言いません。そして、プライドが高い人はそうそう簡単に恋には落ちません。恋に落ちる前にいろいろ考え込んでしまうからです。

たとえば告白されても一カ月くらい悩んでしまうので、その間に相手の気が変わってしまう、などということがあるわけです。一カ月悩んだ末に「この間の返事だけど、よく考えておつき合いします」と返事をしたら、「あ、返事くれないからオレもう別の子とつき合ってるんだよね」ということになってしまうのが、いまの時代です。

男女問わず、「簡単そう」なほうがモテるのです。

たとえば、クラスでいちばんモテる男子といえば、誰にでも優しい男子です。誰に対しても「おはよう！」と声をかけたり、マメそうだったり、メールもすぐに返事をしてくれたり。

こういう男子は、まったく興味のない相手に告白されても、「キミとはつき合えないけど、好きだと思われてうれしいよ！　メール交換くらいはしよう！」とさわやかに言ってくれます。あるいは、もしそのとき彼女がいなかったりしたら、一回くらいはデートしてくれるかもしれません。

そしてこういう男子は、「オレってさみしがり屋なんだよねー」などと簡単に言ってしまうものなのです。

一方でこういうことを言えない男子もいます。バレンタインのチョコも（実は義理チョコなのに）、「好きではない人から、こういうものは受け取れない」とかたくなに受け取らなかったりするタイプです（一方でこういう変わり者の男が好きだという変わり者の女もいるわけですが、それはまた別の話）。

「じゃないですか」と自己開示をする人は、簡単さをアピールしている人（そして実際に簡単な人）だともいえるでしょう。

●どんどん自己開示しないと、興味を持ってもらえない

このように自己開示をするほうがモテるし、人間関係も簡単に構築できるわけです。

人間関係を円滑にするために、「相手が自分をわかってくれるのを待っていてもラチがあかないから、どんどん自己開示していこう」と考える人が増えたのです。

そして実際にそのほうが、人が寄ってくるのです。いまの時代、多くの人が「自分好き」で、自分にしか興味がありません。自分への興味は満々な一方で、他人のことをいちいち分析したりしてくれなくなりました。

かつては飲み会などでそこにいない友だちについて「あいつってこうだよな」とか「あいつはなんであんなことを言うのか?」などと朝まで語り合うという文化がありました。

しかしいまは、そこにいない友だちのことを話す場合は、「知ってた。最近あの子ヨガに通ってるんだって。チョーウケる」「マジあの体型で? チョーウケるぅ!」程度でおしまい。「なんでヨガなんだろう」などという話題には展開していかない。ただひたすら「マジ、チョーウケるんだけど」「マジ、ありえねぇ」だけ(ちなみにいま、芸能人が街で見つかると一〇〇パーセント、「あ、〇〇だ。マジウケるんだけど」といきなり言われるそうです。「あ、〇〇だぁ～(大喜び)」というふうにはならないのだとか)。

このときにたとえばヨガをしている本人が、

「私って、ヨガはじめてやせたじゃない？」

と自己開示してくれてはじめて、「そうなんだ」「ヨガってやっぱりやせんの？」

「私もやろうかな」と、話がほんのちょっとだけひろがるわけです。

また、いまの時代、本人が公開した話はそのまま鵜《う》呑《の》みにされることが多いのも、もう一つの特徴です。かつてはそこまで自己開示する人は、「実は隠したい何かがあるのでは？」と疑われたものですが、いまはわざわざ疑ってなんかくれません。

あるいは逆に、バッサリと斬《き》り捨てられたりします。

「私ってさみしがり屋じゃないですか」

「はあ、その顔でぇ？　ウケる」

と瞬殺《しゅんさつ》されるわけです。

●「意外性」もアピールしたい

合コンは初対面同士でも、「じゃないですか」の応酬《おうしゅう》です。初対面なのに、ではなく、彼らは初対面だからこそ「じゃないですか」を使います。

「オレって映画とかですぐ泣いちゃうじゃないですか」

などのマイナスポイントを、「えー心が感じやすいんだね」とモテポイントにもっていくわけです。

さすがに「オレってマザコンじゃないですか」「オレってロリコンじゃないですか」などという致命的なマイナスポイントは開示しませんが、

「オレって死体写真が好きじゃないですか」

などという話であれば、「はぁ？　マジウケるんだけど」と喜んでもらえたりもします。「死体写真が好き」といった悪趣味も、ちょっと自慢だったりするわけです。「人とちょっと違う自分幻想」のような意外性を好むのも、いまの世代には特徴的です。

「ボクってこう見えても2ちゃんねらーじゃないですか」
「オレってこう見えてオタクじゃないですか」

などというように、外見はオシャレだけど実は2ちゃんねらーとか、イケメンなんだけど実はオタクというのは、ちょっとスパイスが効《き》いてる感じです。誰が見ても、オタクっぽかったらわざわざこんな言い方はしません。

「オレってこう見えてもオタクじゃないですか」
「誰が見てもオタクだよ」

で、終了、です。

「人間としての深さ（彼らにとって、『深い』はなかなかのほめ言葉です）」を、「意外性（外見と中身のギャップ）」というかたちでアピールしたいのです。

外見ではわからないような部分を「オレってこう見えて○○じゃないですか」で開示していくわけです。

女性ならちょっと派手めの子が、

「私ってこう見えて朝晩自炊《じすい》してるじゃないですか」

とアピールしたり。

見た目はギャルなのに、

「私ってアロマテラピー好きな人じゃないですか」

「マジでぇ？　ギャルなのにマジウケる」などと、ギャップを演出するのです。

みんな自分への興味でいっぱいいっぱいなので、他人に興味をもつ暇がなく、人が自分に興味をもってくれないから自分から一生懸命アピールする。

そして、アピールするもの同士のアピールポイントがハマったりウケると、つき合ったり、友だちになったりするのです。

●結局のところ、「さみしさ」を共有したい

では、この「じゃないですか」という人間関係は「浅い」のでしょうか。

人間同士は「深く」語り合ったからといっても、わかり合えるというものでもありません。深く語ったつもりでも、的外れな会話に終始する場合もけっこうあります。

だったら、「じゃないですか」の応酬で、お互いにさっさとわかり合ったほうが楽だ、ということも言えるのかもしれません。

「わかりやすい」というのは重要な要素です。

いま、小説や映画はわかりやすく泣けるものが大流行です。これらも、「じゃないですか」な人たちが支えています。彼らは泣くのも大好きです。

泣ける映画や小説がブームになるのは、

「私ってさみしがり屋じゃないですか」

な人たちが支えているからでしょう。

「じゃないですか」の人たちが開示したいことの根本にあるのは「さみしい」というメッセージなのだと思います。早めにさみしさを開示しておくことが大事なのです。

「あいつは一人でも平気」などと思われたら最後、自分に連絡がこなくなったり、飲み会などに呼んでもらえなくなったりするからです。基本的に一人はイヤだし、たとえば一人で夕飯を食べるのは「考えられない」のです。

ダウンタウンの松本人志《まつもとひとし》が、トーク番組中に自分よりはるかに若いＷａＴの小池徹平《こいけてっぺい》が一人で夕飯を食べることを聞いて、ひどくおどろいて「マジで考えられへんわ！」

とコメントしていましたが、こういう人は男女問わず増えているのです（小池徹平のほうも「一人で夕飯を食べるちょっと変わった自分」をアピールしたかったのかもしれません）。

そしてさみしさを伝えるときに、「すごくさみしいんです……」と言い切るのはちょっと重くて相手にひかれてしまいそうですから、「私ってさみしがり屋じゃないですか」「オレもマジさみしがり屋なんだよね〜」と軽くさみしさを伝えたいのです。

そうすると「この人はさみしがり屋だから急に誘ったりしてもいいんだな」「夜中にメールしてもいいんだな」とお互いに確認し合うことができて、さみしいときにも、心おきなくメールが送れるわけです。

私は仕事で若い男性や女性に取材をする機会が多いのですが、それをきっかけに、夜中に「いま起きてる？」というメールをたくさんもらうようになりました。

たとえば彼らのパソコンのアドレス宛に、取材依頼のメールを真夜中の時間帯に送ったりすると（ケータイには真夜中には送りませんが）、彼らはそれを覚えていて、取材が終わったあとでも、真夜中に「起きてる？」と、突然メールが来るわけです。

「起きてます」と返事をすると「おつかれさま〜、起きてるかなと思って」ととくに意味のない応酬《おうしゅう》になります。別に用はないのです。

自分は眠れないし、この時間に起きている人といえばあの人だな、くらいの理由でメールが送られてくるのですが、こちらはいちいち「何事だろう？」と思ってしまいます。

彼らは自分が大好きだけど、さみしいのです。

そしてそんな彼らが自分以外で、大好きで信頼できる存在は「家族」です。これはおバカ語6「家族大好き語」で、見ていきます。

おバカ語 2

幼稚丁寧語

「じゃがいもを切ってあげてください」

幼稚丁寧語

●丁寧にも程がある

・料理教室にて

「大根を千六本《せんろっぽん》に切ってください」

↓**「大根を千六本に切ってあげてください」**

「大根が煮えます」

↓**「大根が煮えてくれます」**

・ペットの世界

「犬にエサをやる」

↓「**犬にごはんをあげる**」

「**猫さんがお出迎えしてくださいました**」

（昔はペットシッターなんていない）

・植物の世界

「水をやる」

↓「**水をあげる**」

「花が咲く」

↓「**花が咲いてくれる**」

・フィットネスジムの世界

「右手を挙げてください」
↓**「右手を挙げてあげてください」**
「筋肉が伸びます」
↓**「筋肉が伸びてくれます」**

・ケータイ電話
「ケータイがつながります」
↓**「ケータイがつながってくれます」**

このような言葉をよく聞き、そして使うことは多くありませんか？
これらが、「幼稚」で「丁寧」な「幼稚丁寧語」です。

●じゃがいもを「切ってあげれば」、「煮えてくれます」

「幼稚丁寧語」をよく聞くのは、料理番組です。

「じゃがいもを切ってあげてください」や、
「じゃがいもが煮えてくれます」

などと料理の先生が言うのを聞いたことがあるでしょう。

これはおそらく、テレビからではなく料理サロン、料理教室から始まったものだと思います。料理教室というのは、全国展開している大手であれ、個人の小さい教室であれ、基本的に「女の園《その》」ですから、異常なほど丁寧な言葉が使われています。

そして料理の先生は、当たり前ですが「喋り」のプロではありません。そこで丁寧に喋ろうとするあまり、「じゃがいもを切ってあげます」と言ってしまい、おかしな日本語だということに気がついていないのだと思います。

それがさらに、テレビ番組で広がっているのでしょう。

●「ごはんをあげる」か、「エサをやる」か？

料理用語の以前から、幼稚丁寧語はたびたび問題になっていました。

いまでも話題になることがある、

「ペットにごはんをあげる」

という言い方は、二〇年くらい前から、マスコミでもたびたび取り上げられています。

この言葉遣いを非難する人の言い分は、「ペットには、ごはんはあげない。エサをやるものだ」というものです。

たしかに三〇年前、私が猫を飼っていた小学生の頃は、犬や猫には「エサをやる」

ものでした。残りごはんに、おかかとみそ汁をかける残飯が与えられていたものです。これこそ「ねこまんま」。ごはんにみそ汁をかけるものは、犬猫が食べるものだったから、子どもたちがそうやって食べようとすると、「そんな食べ方しちゃダメ！」と言われたものです。

ところがバブルのころから日本人の意識が変わり、「ペットは家族だ」と言い始める人たちが現われ、幼稚丁寧語が発生したのです。

●「猫さんがお出迎えをしてくださいました」

私はいまも猫を飼っています。旅行に出掛けるときはペットシッターを手配してエサ（我が家では「エサ」です）とトイレの世話をしてもらいます。

ペットシッターの世界では、猫を「猫」とは呼ばず、「猫さん」と呼ぶのです。そして世話をしている期間中は、毎日猫の状況をメールで報告してくれます。

たとえば、

「×月×日×時、ご訪問いたしました。猫さんはニャーとご挨拶してお出迎えしてくださいました」
「猫さんはオネムの状態でいらっしゃいましたが、ごはんをご用意したら起きてくださいました」

……うちの猫は「お姫様かっ！」（メスなので）。

私だってこんな丁寧な言葉で扱われたことはただの一度もありません。しかし、ペットシッターというのはどこでもこういうもののようです。

つまりペット様もご家族の一員。クライアント様のご子息・ご息女みたいなものなので、敬語を使うのが大前提になっているわけです。

ペットは家族ですから、飼い主同士の会話も変わりました。飼い主のことを「メリーちゃん（飼い犬）のママ（もしくはパパ）」と呼ぶのはいまや当たり前ですね。

そして、動物どころか植物にまで幼稚丁寧語は広がっています。

「花に水をやる」ではなく、

「花に水をあげる」。

そして、

「花がきれいに咲いてくれました」。

花に話しかけちゃったり、音楽を聞かせたり。しまいには「咲いてくれる」と言ってしまう。花はあなたのために咲いたんじゃなくて、子孫を残すために咲いたんですけどね。

●世界は「自分のため」にある

このように幼稚丁寧語の基本目線はすべて「自分のため」。

食べ物もペットも植物も、「自分のために存在している」という幻想があるのです。自分がいて、自分の脇役として犬がいて花がある、そしてじゃがいももある。だから「～してあげる」、「～してあげる」と言ってしまうのです。

幼稚丁寧語は、まずはペットに使われ、植物、料理など、生きているものだけでなく、多くの対象に広がっていったのです。

その根本はすべて、「自分のために皆よくやってくれた」という発想です。

たとえば、朝から、

「ベランダで花が咲いていてくれている」

「一杯の紅茶が私を和《なご》ませてくれる」

「小鳥が語りかけてくれる」

「クロワッサンがおいしく焼けてくれる」

などと言うのは、一見、平和主義的なように見えて、実はちょっと思い上がった世界観だと思います。

つまり、花も紅茶も小鳥もクロワッサンも、おまえのために、なにかしてくれているわけじゃないよ！　ということです。

幼稚丁寧語はある意味「皆のもの、私のためにご苦労です」という「マリー・アントワネット語」と名づけてもいいかもしれません。すべての対象は自分のために存在し、かつそれをコントロールできると思っているのです。

しかし当たり前ですが、ペットも植物も食べ物も自分ですべてコントロールできるものではありません。犬は夜中に急に吠《ほ》えたりするものだし、植物は訳もわからず枯れてしまうものだし、肉じゃがはなんだかしょっぱくなってしまうもの。

すべてままならないものなのです。

それを、自分のために存在するし、自分のために甘えてくれたり、自分のために咲いてくれたり、自分のために美味《おい》しくなってくれると考えてしまうわけです。

●やっぱり、責任回避もしたい

また、幼稚丁寧語を使うことによって、たとえばじゃがいもにも意思があるようなニュアンスを孕《はら》ませることによって、「責任を回避している気持ち」もあるのだと思います。

たとえば肉じゃがを失敗したら、本当は一〇〇パーセント自分の責任ですが、「今日は機嫌が悪くて煮えてくれなかったんだな」と思うことで、そうじゃないように思えるのです。

つまり、「自分でコントロールしたい」という気持ちがある反面、「コントロールできなかった場合の責任を回避したい」とも思ってしまう、この二つの欲望が幼稚丁寧語のなかには隠されているのです。

もちろん、子育て中の親が「××ちゃん、ブーブーが来まちたね～」といった幼稚丁寧語を使うのは、当たり前のことです。子どもに対して幼児語的な言葉を使う「喃《なん》語《ご》文化」は昔から世界中にあるものです。子どもは喃語を経由して母語を覚えていくものですから、母語を覚えやすくするための喃語の使用は不可欠なものです。

しかしその意味を忘れ、自分にとって愛すべきもの、コントロールしたいものに対して幼稚丁寧語を使ってしまっているわけです。

●「感謝の気持ち」と「言葉遣い」は、別の問題

そんな幼稚丁寧語ですが、使っている当事者は、よい言葉遣いをしているとさえ、思っていると思います。

「ペットにエサをあげる」という言葉が良いかどうかについては、それなりに議論になったのですが、ペットを飼っている人たちが、「ペットは自分の家族なのに〝エサをやる〟なんて言えない」、「そんな愛情のない言い方はできない」、「動物虐待《ぎゃくたい》につながる」と反発しました。

　また、「じゃがいもが煮えてくれます」を非難すれば、これも反発がくると思います。「食べ物というのは私たちをつくってくれているのだ!」、「命があるのだ」、「感謝の気持ちを持つべきだ」と。「花が咲いてくれます」なども同じでしょう。

　しかし、感謝の気持ちを持つことと、幼稚で丁寧な言葉を使うことは別の問題です。そこがきちんと切り離されていないのです。

●「上下関係」も、ないことにしたい

　丁寧に話せば話すほどいい。しかも、丁寧なだけじゃなく、どこかで「当事者性」を切り離している。話し手にとって、とてもラクな言葉とも言えます。

　ペットとの関係には、飼い主と飼われている動物という、絶対的な主従関係があります。生殺与奪権《せいさつよだつ》は完全に飼い主が握っている。

　その赤裸々な上下関係を、ペットを家族と呼ぶことで誤魔化しているのです。生殺与奪権が明らかに自分にあるということ、自分が動物を自然から切り離したこと、自

分のエゴでペットを飼っているということ――いろいろな状況を「家族」と呼ぶことできれいごとにすり替えているのかもしれません。

「家族としてこんなに愛しているのだから！」と思っている。幼稚丁寧語でペットを語ることによって、絶対的な上下関係から目を逸《そ》らして、ラクになりたいのです。

「じゃがいもが煮えてくれます」と言ったときも、ラクな感じになります。「煮えます」と言い切らなくていいというのはラクなのです。煮えることに責任をとらなくてすむからです。

そして料理教室では、先生が「じゃがいもを煮てください」と言うかわりに、「じゃがいもを煮てあげてください」と言うことによって、押し付けや命令、上からものを言う感じをなくしたいのです。

逆に言えば、「じゃがいもを煮てください」という言い方ですら、「(生徒に) 言うことを聞いてもらえないかもしれない」という不安をもっているのです。

このように、料理教室の先生と生徒においては、上下関係、師匠と弟子という関係を、なるべく薄めようとしてきています。

お茶やお花のお稽古の世界でも、三〇年くらい前までは、先生は横暴でも許されました。お花の師匠が怒って剣山《けんざん》を投げてきたとか、お茶の師匠が茶筅《ちゃせん》を投げてきたという類《たぐい》の話は、よく聞いたものでした。

いま、そんなことをしたら生徒（いまは「生徒さん」と呼ぶわけですが）はなかなか集まりません。

●筋肉までも「擬人化《ぎじんか》」する

ヨガやエアロビクス教室などでも、

「右手を挙げてあげてください」

「筋肉が伸びてくれま～す」

などと、インストラクターが陽気に言い放ち、なんだかもうワケのわからないことになっています。

このようにどんな教室の現場でも、意味のわからない物言いがすごく増えてきています。そしていろいろなものを擬人化します。


「筋肉を伸ばしてあげましょ〜」

「今日一日で疲れた体の声を聞いてあげましょ〜」


擬人化することによってすべてをオブラートに包むと、やさしい感じにもなるのです。

これは、社会が女性化している影響もあるし、それから「癒《いや》し文化」の影響もあるでしょう。ペットも植物もヨガも、癒しの文化と切り離せません。なにかというと「癒されたい」、「癒してほしい」。癒されるのもほどほどに、という感じですが。

●「車を洗ってあげる」ヤンキーファンシー文化

また、日本人はヤンキー文化とファンシー文化が大好きで、それも幼稚丁寧語に影響していると思います。

ヤンキーファンシー文化の代表は、ゲーセンで、プリクラやUFOキャッチャーがこれだけ長いあいだ支持されていることや、キティちゃんが何十年も愛されていることや、家では、なんにでもカバーを掛けたり、車は、土禁（土足禁止）だったりすることなどが挙げられるでしょう。

カバーといえば、外国の空港では、「日本人はなぜ、パスポートにカバーをつけるのだろう？」と、問題になっているそうです。カバーがかかっているとパスポートについているバーコードが読めませんから、日本人客が多い空港には「remove your passport cover」（パスポートカバーを外しておいてください）などと書いてあります。

そして日本では世の中のどんなものにもカバーやケースがあって売っている。フリスクですらケースがあります。二〇〇円のフリスクなのに三万円のケースが売っていたりする。

車の土禁文化も日本特有のものです。もちろん、家に上がるときに日本では靴を脱ぐ習慣があるということが強く影響しているのですが。

また、日本人の車はきれいです。外国に行くと車は高級車であっても洗車などしていないので汚い。だいたい「趣味は洗車です」という人が多いのは日本くらいでしょう。

彼らは、

「車を洗ってあげる」

わけです。

外国旅行から帰ってくるとしみじみ思うのは、「日本人は本当に小ぎれい」ということです。破けたかばんにガムテープを張って補修して使っている人なんかいない。

しかし、外国では欧米だろうとアジアだろうと、当たり前のようにそうしています。

さして貧乏そうに見えない人でも「そんなもん持ってんの⁉」というかばんを愛用していたりします。日本人の小ぎれいさはある意味で特殊ですが、このあたりも幼稚丁寧語につながっていると思います。

●「ケータイがつながってくれます」というアニミズム

幼稚丁寧語のもつ擬人化は、

「ケータイがつながってくれないんですよ」

などと無機物にも広がっています。

日本人は無機物であっても名前をつけがちです。たとえばケータイ電話やパソコン、自転車などに名前をつけたりします。

これは、アニミズムのようなものでしょう。

日本人の宗教観はもともと「八百万《やおよろず》の神」ですから（仏教はあくまで舶来《はくらい》宗教ですし）、どこにでも神が遍在《へんざい》している、何ものにも魂《たましい》が宿ると思っているところがあります。

また、幼稚丁寧語を使う人は、使っていて気持ちがよくなっているはずです。「猫にエサをやる」と言っているときは、少し殺伐《さつばつ》とした気持ちですが、「猫ちゃんにごはんをあげる」と言っているときは、脳内にぼんやりした気持ちのいい感じが漂っているはずです。

いってしまえば「ファンシーアニミズム」。

犬も猫も、花も、どれもみんな素晴らしい。じゃがいももも、ケータイさえも！

もちろんそれゆえに動物や物も大事にするのであれば、悪いことでもないのかもしれません。

●NHKのアナウンサーでさえ

ですから、幼稚丁寧語の文化を、必ずしも否定はしません。

ただ、TPOというものはあると思うので、少なくともテレビに出るような料理の先生のみなさんは、もうちょっと言葉遣いを考えたほうがいいのではと思います。

まして料理番組はNHKに多いので、「もうちょっと言語指導したらどうだろう」とは思います。いまやアナウンサーですら「煮えてくれます」と言っちゃってます。あんなに日本語にうるさいNHKですら、です。

これが「流れ」だとすれば、逆らうこともないのだろうとは思います。

ただ、これは「超ありえない！」といった若者語と同じくらい、頭の悪そうな言葉だ、ということは、「今の若者の言葉遣いはなってない」という大人なら、知っておいたほうがよいでしょう。

おバカ語 3

実感語

「この寿司、マジでヤバイかも!」

実感語

この店
高そう〜〜
マジで
ヤバイかも…
カモ…
でございますか…
当店のカモは最高級でございまして…
さらにマジでヤバイかも!!
カモ!!…のおかわりでございますか

●肯定語としての「ヤバイ」

若者を高い寿司屋に連れていったら、

「うわー、この寿司マジでヤバイですよ」

などと言い出し、連れて行ったほうが冷や冷やしたり、仕事の場で「この新製品についてどう思う?」と意見を聞いて、

「いや、ヤバイっす!」

と部下に言われ、顔を蒼《あお》くしたりということは、この数年日本でよく見られる光景となりました。

いまや、この「ヤバイ」は、若者が何かをほめたり感動している言葉なのだな、だと広く知られるようになりました。

「ヤバイ」は、もともとは「危険や不都合な状況が予測されるさま。あぶない」（大辞泉）という意味ですが、若者は「すばらしい、かっこいい、おいしい」といった「実感」を表わすときに使うのです。

「国語に関する世論調査」（二〇〇四年、文化庁実施）では、「『とてもすばらしい（良い、おいしい、かっこいい等も含む）』という意味で『やばい』と言う」という設問に、全体の一八・二％が「ある」と答えています。

一〇代後半の男性では七五・六％、一〇代後半の女性では六五・八％、二〇代の男性では五一・七％、二〇代の女性では五三・二％もの人々が「ヤバイ」をよい意味で使っているのです。

このように、若者が自分の実感を表わすために使う流行語を「実感語」と名づけます。

●「すごい」も、本来は否定的な意味で使われた言葉

これはもちろん、昨日今日に始まったことではありません。

たとえば今では、「素晴らしい」という意味で使われる「すごい」も、もともとは、「①寒く冷たく骨身にこたえるように感じられる。②ぞっとするほど恐ろしい。気味が悪い。③ぞっとするほど物淋しい」（広辞苑）という意味でしたが、いまでは転用されています。「ヤバイ」と似ている道筋を辿《たど》っていたのです。

バブル世代であれば、なんでも「超」をつけるのが流行し、いまではすっかり「超」も定着しています。

バブル期には「かわいい」も大流行し、女子が「うそー」「ほんとー」「かわいいー」の三つの言葉だけで、感情を表わすといわれたりもしました。「かわいい」もとりあえずなにかをほめるのには便利な言葉で、いまでも女性が「かわいい」を一度も使わない日はないほどです。

このように実感語は最初は流行語として登場し、そのまま定着することが多いので

す。そして定着すると、次の世代の若者はまた新しい実感語を発明していきます。

●実感語は、「どんだけ」流行《はや》って、そしてすたれてきたか

「ヤバイ」以外に流行している実感語は、

「ありえない」
「ムリ」
「どんだけ」
「ハンパない」
「イケてる」
「ハジケる」
「ウケる」

など、バリエーション豊かです。

「ありえない」「ムリ」は本来の用法に近い否定的な使われ方をしています。

「今日美容院のカットモデルをしてきたんだけど、この髪型マジでありえないんだけど」

「合コンで知り合った男にアドレスを聞かれたんだけど、あんな不細工マジでムリなんだから！」

などといった使い方をします。

「どんだけ」は、ゲイの世界での流行語がテレビのバラエティー番組で広がりました。

「おれ、ゆうべ焼肉食べ放題で一〇皿食ったよ」

「どんだけ〜（食うんだよ）！」

などと感嘆を表わすときに使います。
「ハンパない」は「半端じゃない」の短縮形で、同じように、

「沖縄の海はハンパないな！」

などと使います。
「イケてる」もほめ言葉です。いまや、美男子を表わす言葉として、「ハンサム」は駆逐《くちく》され、「イケメン」が全盛になりました。

●感動を共有したいとき、「実感語」が使われる

「ハジケる」は、盛り上がるという意味で、

「試験も終わったし、今日はカラオケでハジケようよ！」

などと使います。

「ウケる」は、面白いという意味で、

「あいつのメール、マジでウケるんだけど」

などと使います。

実感語はこのように、いまの時代の感情を表わす言葉として登場します。これらの言葉は、「すっきりしたい」「納得したい」「共有したい」というときに使うものです。

若者同士で何か感動を共有したいときに、いままで使われてきた言葉が、自分の「実感の尺度」に合わなくなってくる。だから、時代時代の自分たちの尺度に合った実感語が発明されてきたのだと思います。

「マジ、ヤバくね?」「今日、ハジケとく??」という言葉を使えば、いまの自分の実感に近い表現ができるのです。

●中居《なかい》くんが使う「だべ」という実感語

最近の実感語には方言ブームも一役買っています。

SMAPの中居正広《まさひろ》の出身地、神奈川の藤沢《ふじさわ》弁に象徴される「ちょい訛《なま》り」も若者にはやっています。

二〇~三〇年前に明石家《あかしや》さんまをはじめとした関西芸人たちが「関西弁」を広めたときと同様、中居くんが使う「よくね?」「なくね?」「だべ」のキャッチーさが、今の若者の実感に合っているのです。

中居くんはいまやアイドルという枠を超えて、バラエティー番組でも大活躍していて、バラエティー番組で使われる言葉は流行りやすいのです。

また、中居くんは地元の藤沢が大好きなので、藤沢弁をよく使うのですが、いまの若者はみんな地元が大好きなので、そのマインドも受け入れられたのでしょう。

つまり、地元を大事にする、地元友だちと喋る言葉としての「だべ」が、若者の「実感」に合っているのです。そういう部分も含めて、いまの若者の実感やテンションにすごく合っている言葉だったのでしょう。

実感語はいつの時代も、年長者にとっては鬱陶《うっとう》しい言葉ですが、抵抗してもはじまりません。また、無理して「これがヤバイって感じ?」などと若ぶって使うこともやめたほうがいいでしょう。「おやじ、ヤバイとか使って、マジうざいんだけど」と思われておわりです。

若者の実感語には、わかった顔はせず、やりすごせばよいのです。いずれ、この若者も、年を取って自分と同じ立場になるのですから。

●すごく便利な「ビミョー」と「フツー」

また、実感語で便利に使えるのが「ビミョー」と「フツー」。

実感語としてのビミョーは、物事を否定するときに使われる言葉なのですが、言われた相手が、否定された印象を感じにくいという点で使いやすい言葉です。

たとえば、

「この新製品のアイス、ビミョー」

というときはおいしくないという意味ですし、

「あいつの彼女、ビミョー」

というときはかわいくないという意味ですが、「この新製品のアイス、おいしくない」「あいつの彼女、かわいくない」と言ってしまうと身もフタもないところが、ビミョーによってかなり救われます。

「はっきり否定を伝えたくない」という日本人の心情にあった実感語ですから、ビミョーは若者だけでなく、広い世代にもっと広まっていくと思います。

もう一方のフツーは、ちょっとした否定だったり、さして肯定しないときに使います。

「最近どう？」と聞かれれば、

「え、フッー」

などと答えます。

会話のなかでフツーが使われたときは、その話はこれ以上ふくらまないということです。

とくに上の世代が若者に話しかけて、「フツーです」と返されたら、「これ以上その話はされても広がりません」という意味だと理解したほうがよいでしょう。相手はこの会話に興味がないのです。

このように、フツーに込められた意味にはなかなか深いものがありますし、意外と難易度の高い言葉です。

フツーと言いながら、全然普通じゃないわけですから。

「彼女とは最近どうなの？」
「あ、フツー」

これは、この話に突っ込んでも大したネタはないよ、と言っているのです。しかし「いま、ビミョー」と答えられたら、「えっ！　どうしたの⁉」と突っ込んでもいいでしょう。ビミョーには突っ込んでほしい気持ちがあります。でもフツーは本当に話題がなにもない。それがいまのフツーなのです。

●増殖する「かも」星人

そして、忘れてはならないのが、「かも」。

「おいしいかも」
「楽しいかも」

などと、最近とくによく使われる実感語です。

この「～かも」はなんだかんだ言いながら私も使ってしまいます。


「B案よりA案のほうがいいかもしれません」


といったふうに、仕事の場でも意外と便利な言葉です。

「かも」をよく使う人を、私は「かも」星人と呼んでいるのですが、「かも」星人は若者だけではなく、上の世代にも多く、とくに女性に顕著《けんちょ》です。主張はあるけれど押し付けるのはイヤ、というときや、責任を取りたくないときにも便利な言葉です。

たとえば「A案にしてくれないと困る！」と強く主張したいときに「かも」は使わないものですが、「Aと主張して面倒なことになるんだったら、私はBでもいい。でも本当はAがいいんだけど」というときは「かも」を使って、主張しつつ責任逃れするわけです。

判断を避けて、相手にゆだねている言葉です。仕事先でうるさい人が多いときに、私もよく使ってしまいます。

●「イケてるかも」は、最上級のほめ言葉

「イケてるかも」

「おいしいかも」

「楽しいかも」


「かも」は判断を避ける用法とは反対に、ほめ言葉としても作用します。

「イケてるかも」は最上級のほめ言葉です。若者同士で買い物に行って服を試着して「イケてるかも！」と言われたらそうとう似合っていることを意味します。「イケてる」より褒められています。

同じように、「おいしいかも」は「とてもおいしい」ことを意味します。本来、お

いしいなら「おいしい」と言えばいいのですが、いまは「おいしいかも」のほうがおいしさが上になっています。全肯定であり、感嘆符《かんたんふ》的に使われてもいるのです。
「楽しいかも」は「楽しい」より絶対に楽しい。「こんなことで楽しいはずがないのに、楽しんじゃってるかも」といったような、反語表現にもなっている。

「いいかもしれない」

これもよく考えるとヘンな言葉ですが、相当「いい」という意味です。「かも」は自分の言葉で言い切ってしまわず、「あとは読み取ってほしい」というときに使う言葉なのです。「かも」と言いながら、実はかえって意味を強めているのです。

●「オレ、お前のこと好きかもしんない」と言える人、言えない人

若者がコクる（告白する）ときに、

「オレ、お前のこと好きかもしんない」

というのは、すごく好きなときです。言われたほうもキュンとなる。「おまえのこと好きだよ」と言われるより、「好きかもしんない」と言われるほうが効く。

「かも」を使うことで、相手のことを気づかないうちに好きになり、抗《あらが》えないなにかに突き動かされるという感じが伝わるのです。

たとえば、

「お前に彼氏がいることはわかってるけど、オレ、お前が好きかもしんない」

「オレ、お前が側にいてくれないとダメかもしんない」

など、この「好きかも」は木村拓哉《きむらたくや》が言いそうな言葉です。北川悦吏子《きたがわえりこ》脚本のドラマで、「オレ、お前のこと好きかもしんない」と言っている姿が目に浮かびませんか。

また、女の子が、

「今日は帰りたくないかも」

「ひとりになりたくないかも」

と上目遣いで使う。これも勝算がなければ言えません。

「今日は帰りたくないかも」と言って、「はあ？　じゃあ、漫画喫茶にでも泊まれよ」と答えられるかもしれないと思ったら使わないでしょう。

異性に対して「好きかも」「帰りたくないかも」といった言葉を使うことが許されるのは、モテる「恋愛強者」だけです。全然イケてない男が女の子に、「お前のこと好きかも」などといったら、「マジむかつくんだけど」と言われて終わりでしょう。

しかし、モテる男女が使う「かも」には、相手の気持ちをぐっと呼び込む力が宿っています。握力と吸引力がある強い言葉なのです。

●「～のほう」――曖昧《あいまい》な実感語はなぜ生まれたか

「かも」以外にも、

「千円のほうお預かりします」


などの「のほう」「みたいな」「的」「感じ」など、曖昧な実感語は多くあります。

そして、これらの実感語は上の世代には評判が悪いものです。

しかしこういう言葉に怒る人は、「決定権」を自分で持っている人です。「のほう」「みたいな」「かも」を使わなくても物事が進められる人は、権力があり、自分の思い通りに決めて、周りを動かせる人です。

つまり、こういう言葉遣いにいらいらするのは、自分の発言が何らかの権力を持つ人たちなのです。

彼らは絶対にレジを打つ側には回らない。「千円のほうお預かりします」と言わなくてすむ人たちが、「千円のほうお預かりします」に怒るというわけです。

これらの実感語はある種の「格差言葉」、「お伺い言葉」です。

「千円のほうお預かりします」を使う人は立場の弱い人です。そして権力のある人は、たとえば「予算は一億円のほうになります」と言う必要はありません。

他者にお伺いを立てなくていいというのは、幸せなことです。こういう言葉にいらいらするのだとしたら、「自分は幸せな立場にいるんだな。よかったな」と思えばよいのです。


使っている若者がバカに見えるのが実感語ですが、このようにいろいろな意味を持っていることがわかると、なかなか興味深いものです。

もちろん仕事場で使っていたら、それはきちんとやめさせましょう。そこまですりよる必要はありません。

おバカ語 4

過剰美化語

「女優さんのお仕事」「ぼくはお買い物します」

過剰美化語

このレストランはメニューのていねいさには手を抜かないんだ。
ステキ♡
おすすめはおエビのフリッターおカキのお浜焼き、瀬戸内風おカモのおテリーヌおプロバンス風おソース仕立て…
呼び方だけだけど…

●敬語五分類を知っていますか？

日本語の敬語の分類といえば？

もちろん、尊敬語、謙譲《けんじょう》語、丁寧語の三分類です。

ところが二〇〇七年、文化審議会国語分科会が「敬語の指針」として、敬語を五分類にという答申をまとめたのをご存じでしょうか。

敬語五分類とは、尊敬語、謙譲語Ⅰ、謙譲語Ⅱ、丁寧語、美化語。

尊敬語は従来のままなのですが、謙譲語は、「伺う」「申し上げる」など動作の対象になる相手への敬意をあらわす謙譲語Ⅰと、「申す」のように自分の動作などを丁重《ていちょう》に表現する謙譲語Ⅱ（丁重語）に分かれました。

ただ、謙譲語Ⅰ、Ⅱというのはわかりにくいですし、どちらがⅠだかⅡだか覚えにくいですね。分類したいならば謙譲語Ⅱは丁重語と言いきってしまったほうが、シンプルかもしれません。

さらに興味深いのは、丁寧語から、「お酒」「お化粧」などの言葉を、美化語として区別するというものです。

丁寧語は「です」「ます」など、会話や文章の相手に対して丁寧に述べるものだけを残し、美化語は「お酒」「お料理」など、ものごとを美化して述べるものを指すのだそうです。

●いつから「女優さんのお仕事」と女優が語るようになったのか？

たしかに過剰なくらいの美化語を目にするようになりました。これを「過剰美化語」とよんでいきます。

私がこの現象に気がつき始めたのは、一五年くらいまえのことです。女優が、テレビや雑誌でのインタビューで、

「女優さんのお仕事というのは大変ですけど、やりがいがあります」

などと語るようになったのです。

最初は若い女優だけだったのが、やがてベテラン女優までが、「女優さんのお仕事」と語るようになっていました。

自分の仕事について、「さん付け」や「お付け」をすることに違和感を覚えたものですが、もちろん彼女たちは、自分だけへの敬語としてこういう言葉遣いをしているわけではないでしょう。自分が属している女優業という世界や、先輩も含めたほかの女優に対する敬語として、生まれた言葉遣いなのです。

また、先日あるテレビ番組でこんな光景を見ました。

ジャニーズ事務所の各グループのメンバーが一人ずつ集まる会というのがあるそうで、そのときのメンバーが集まった写真を見た、ＳＭＡＰの中居くんが「スゲエ豪華なメンバーだな」と感嘆《かんたん》していたのです。

たしかに一般人から見れば豪華なメンバーかもしれないのですが、自分と同じ事務所の、しかも後輩のタレントが集まっていることを「豪華」と表現してしまうことも、一種の「美化語マインド」といえるでしょう（ことに中居くんという人は、そういう「オレも芸能人だけど、芸能界ってスゲエ」というマインドをウリにしているところもあるのですが）。

芸能界だけではなく、世間から羨《うらや》ましがられるような仕事――スポーツ選手、医者、弁護士、一流企業、マスコミなど――では、自分と自分の属している世界に対して、美化語が発生しやすいといえます。

このような仕事に就《つ》く人たちの多くは、以前から「女優さんのお仕事がしたい」とか「スポーツ選手はかっこいい」などと考えていたわけです。

そしてもともと憧れていた職業に幸運にも就くことができて、さらに周囲からも「女優さんになれてすごい」などといわれるようになります。それによって、その世界に入ってからもなお、自分の属する世界に対する敬意を持ち続け、「そんなすごい世界に自分がいる」ということを、お互いに確認し続けたいと思うようになるのです。

その思いが、自分の仕事を「女優さんのお仕事」といい、自分と同じ事務所のタレントの集まりを「豪華」という言葉遣いにあらわれているのでしょう。これは、自分がせっかく所属できた世界に居続けるためでもあり、さらに自分の世界の価値を高め続けていくためでもあるのです。マッチポンプという気もしますが。

●日本人特有の「謙遜《けんそん》プレイ」はすたれてゆく？

これまで日本では、身内ともいうべき自分の所属する世界に対しては、敬意をあらわすのではなく、謙遜する文化がありました。そのため、日本の敬語では、こちらがへりくだるという謙譲語が発達していました。

「おたくのお坊ちゃん、お医者様になられたんですって。ほんとにすごいわねえ」
「いえいえ、そんなことありません、偶然ですよ」
「そんな、ご謙遜なさって、すごいですよ」

などという会話はよく聞かれるものです。

謙遜しているほうは、謙遜することによって、さらにほめられたいという、「謙遜プレイ」とでもいうべき構造ゆえに、非常に面倒くさい会話でもあるのですが。

一二年ほど前のこと。

社員旅行でリゾート地に行くことになったのですが、当時の私は二〇代後半、仲がよかった後輩の女性社員が二〇代そこそこ、二人で旅行先で何をするかという話になったことがあります。

私が「海辺だし、パラセーリングでもしようかな。ほらよく言うでしょ、煙とバカは高いところが好きって」と冗談をいったところ、彼女はただひと言「あ～」とうなずいたのです。

これにはちょっとびっくりしました。

私が期待したリアクションは「やだー、おもしろいんだから～」とか「なにいってるんですか～」という感じのものだったのですが、「あ～」と納得されてしまったのですから。

もしかしたら、自分から謙遜や自虐《じぎゃく》をふって、相手にそれなりのリアクションを期待するのは、もはや間違いなのかもしれない、とそのとき深く思ったものです。

自虐や謙遜は、相手との「共通ルール」がなければ、投げられないボールなのだと思います。自分は野球のつもりでボールを投げたのに、相手がサッカーのつもりだったら、蹴《け》り返されてしまいますから。

●豊かな日本人には、「謙遜する理由」が見つからない

日本に貧しさが残っていた時代までは、謙遜せざるを得ない状況もありました。

「わが家はこんなボロ屋で」

「こんな食事しかありませんが」

などというのは、実際にそうでもあったわけです。

しかし豊かになり、「日本がアメリカと戦争していたってマジですか？」という若い世代が増えたいま、謙遜するべき事柄もなく、謙遜プレイをする理由が見つからな

いのかもしれません。

日本的な謙遜文化が少しずつ変化して、自分の行為に美化語を使うようになったのも、一種の「グローバリゼーション」なのでしょう。もちろん、グローバリゼーションが単純にいいことだとは思えないですが。

このように、豊かになることで、自分の家族や身内の位置を高いままキープしたい、まわりからも認めさせたいという欲望が生まれてきたのだと思います。美化語というのは、豊かな世代の、豊かな階級に支えられた言葉遣いと言えると思います。

とくに、豊かな階級で、美化語は多く使われてきたといえます。

かつては「山の手言葉」などと呼ばれるものがありましたが、これは公家《くげ》言葉に影響されて生まれたものだといわれるように、豊かな階級同士でお互いを讃《たた》え合い、貧しい下の階級を差別し、排除するための言葉遣いでもありました。

現代の過剰な美化語は、豊かな人たちが、自分と自分の所属する世界の価値を高めるために存在しているともいえます。排他的な差別意識というよりも、豊かな世の中で、さらに豊かな自分をアピールしたいという、優越意識の表明なのでしょう。

●いまや男性も使う「美化語」

また、美化語は女性によって使われる言葉というイメージもありますが、いまや男性もよく使うようになっています。

とくに若い男性が、

「お買い物」とか、

「お仕事」

という言葉遣いをするようになりました。

私がこれを発見したのは芸能人のブログでした。芸能人のブログというのは、時代意識を表わしているのでよく読むのですが、たとえばジャニーズアイドルなどが、

「これからぼく、メンバーのお誕生日のプレゼントのお買い物に行ってきま〜す！その後はお仕事で〜す！」

と書いているのです。

「これは、そういうギャグなのだろうか？」と最初は思っていたものですが、他の男性タレントも同じような言葉遣いをしており、ギャグじゃないんだと気づいたわけです。

その後、芸能人ではない一般男性のブログも見ていくと、かなり多くの人が「お」を使っており、男性への美化語の浸透《しんとう》ぶりを知りました。

この言葉遣いは、一見するとなんだかバカっぽいのですが、実は書き手による読み手に対する敬意でもあります。彼らは自分のことだからといって、「買い物します」「仕事に行きます」と書くのはなんだか「雑な感じ」がするのです。

わざわざブログを読みに来てくれるのですから、その読者に対して丁寧な言葉遣いをしたい。その結果、自分の行動にすら美化語をつけて、読み手に敬意を表わすようになったのです。

●美化語は、ブログによってさらに広まった

ことに、男性の美化語はブログによって広まった一面があるといえるでしょう。

ブログというのは自分だけの日記ではありませんから、必ず読者がいます。美化語は、わざわざブログを読んでくれた、誰かはわからない読者への敬意を表わし、「あなたに気を遣っています」という意思の表明なのです。

また美化語を使うことで、読み手との距離感をあえてつくろうとしている面もあります。

たとえば彼らも親しい友人へのメールだったら「お買い物に行きます」ではなく、「買い物に行くよ」と書くでしょう。しかしブログは、誰が読むかわからないものですから、美化語を使うことで「敬意」も表わせるし、友だちではないという「距離感」も表明できるのです。

つまり、美化語によって、彼らなりの距離感を表わしているのです。

ネットやブログが生まれるまで、「誰が読むかわからないメディアで文章を発表する」機会はほとんどありませんでした。新聞や雑誌の投稿欄は競争率が高いですし、そもそも読者が読む前に、編集者のチェックが入ります。

ところがブログは編集者もいませんし、誰が読むかもわからないですから、自分で文体を考えなければならないのです。少なくとも友だちにあてて書くメールとは違いますし、多くの人は作文や読書感想文を書いたことはあっても、不特定多数の読者が読む文章を書くということを学んでいません。

そこで彼らは、美化語によって、読者へ敬意をあらわしながら、距離感を保ち、自分も読者も守るようにしたのです。美化語は双方を守っている言葉遣いとして、使われているのです。

過剰な美化語は、このように二つの動機で生まれたと考えられます。

一つは、自分の所属する世界や、家族、身内を守り、その価値を維持していくために。

そしてもう一つは、不特定多数に向けて文章を書くブログ時代において、自分と読み手の距離感を守るために。

「美化語」というカテゴリーがはっきり示されたことで、この言葉遣いの増加はますます加速していくでしょう。

とはいえ、目上の人のいる場所や仕事の場所では、「私のお仕事」などという、自分に美化語を使う言葉遣いはしないほうがいいでしょうし、もしそれを使っている人がいれば「その言い方は、自分が利口に見えないから損だし、やめたほうがいいよ」と教えてあげてもいいでしょう。

また、過剰美化語によって謙遜プレイは消えたかのように見えるのですが、じつはこれは別の形でしぶとく生き残っているのです。

それが「〇〇社さんとは、よくお仕事させていただいています」に象徴される言葉遣いです。

これは「代理店語」として、次のおバカ語5で紹介していきます。

おバカ語 5

代理店語

「○○社さんとは、よくお仕事させていただいています」

代理店語

こちらさまとはよくお仕事させていただいてます
どうぞおすわりください
あーこのイスさんにもよくすわらさせていただいてます
ではさっそくですが…
あっその前にちょっとトイレに!!
あ〜このトイレよく使わさせていただいてます〜〜
もううるさいよ……

●「さん」文化は、どこから生まれた？

「○○社さんとは、よくお仕事させていただいています」

いまや日本のビジネスシーンで、この言葉を聞かないことはありません。

一見正しそうですが、かつてはこのような言い方はしませんでした。

「○○社とはよく仕事しています」

と、シンプルに言い切るか、相手方の立場がはっきりと強い場合には、

「○○社の□□さんには、よく仕事の発注をしていただいています」

と、相手方の個人名をだし、具体的に話していたものです。

この、「○○社さんとはよくお仕事させていただいています」で、気になる部分は二カ所です。

（1）○○社さんの「さん」
（2）「させていただく」

この「さん」と、「させていただく」を、見ていきましょう（「お仕事」の「お」についてはおバカ語4の過剰美化語で紹介しました）。

●関西弁とギョーカイ用語の合体

まず、「○○社さん」。

これは、関西弁と広告代理店文化の合体によって広まったのではないかと考えています。

昔から、関西弁では、「お寺さんに行きましょ」とか、「飴ちゃんいる?」という言い方をよくします。

標準語では「さん」や「ちゃん」をつけない「寺」や「飴」までも、親しみを込めてこう呼ぶのです。

また「神様」「お月様」など、標準語では「様」をつけるものも、関西では「神さん」「お月さん」と「さん」付けで呼んでいます。

関西には、多くの対象を「さん」と呼ぶ文化があるのです。

この「さん」付け文化には、親しみやすさと、使いやすさがあります。

そして広告代理店では、バブル期からすでに「○○社さん」という風に、クライアントを呼ぶ習慣がありました。「クライアントは絶対的な存在」である広告代理店ならではの「発明」です。

また、この「さん」付けには、相手を立てるだけではない、もう一つの効果があります。たとえば有名人のグループ名を呼ぶ場合、一般人であれば、「ダウンタウン」や「SMAP」と呼び捨てにします。

しかし代理店の人たちは彼らとのつながりを表わすために（実際には撮影の時にちょっとだけ立ち会い、しゃべったことすらなくても）、

「ダウンタウンさんは、ほんとうにおもしろいよ」とか、

「SMAPさんは、やっぱりオーラあるよ」などと、

「さん」付けすることで、アピールするわけです（「ダウンタウンさん」よりは「ダウンタウンのお二人」、「SMAPさん」よりは、「SMAPのみなさん」のほうが賢そうだし、感じがいいと思いますけどね）。

それが「ギョーカイ人（カタカナがポイントです）」によって、「フジテレビさん」や「ジャニーズ事務所さん」などのテレビ局や芸能事務所にも広がっていったのです。

本来は裏方であった広告代理店ですが、バブル期の「ギョーカイ」ブームで、テレビ局や代理店を舞台にしたテレビドラマやマンガなどが増え、またフジテレビやとんねるずを中心に、現場で使われている「ギョーカイ用語」をバラエティー番組でばんばん使うようになりました。そして若者や女性がそれにあこがれて、「ギョーカイ用語」があっというまに広がっていきました。

この関西弁の「さん」文化と、代理店のギョーカイ用語から、「○○社さん」が広

がっていったのだと思います。

このように、おもに広告代理店から使われはじめた言葉を、「代理店語」として紹介していきます。

●シューカツの学生も使う代理店語

いまや学生ですら、シューカツ（就活、就職活動のこと）で代理店語を使っています。

たとえば、面接官から、

「君、ウチ以外ではどこ回ってるの？」

と聞かれれば、

「△△社さんと○○社さんを受けさせていただいています」

と返事をします。

かつては他社のことであれば「△△社と○○社を受けています」と言い切ってしまったものです。自分が受けている会社に敬意を表わすのは当たり前ですが、他社にまで敬意を表わす必要はないですからね。

また一般人のブログでも、

「今日は○○飯店さんで食事をしてきました」

「今日はカフェ○○さんでケーキを買ってきました」


などと書く人々が増えてきました。

飲食店の同業同士であれば、「○○飯店さん」とか「カフェ○○さん」などと、お互いに「さん」をつけることはありましたが、客がわざわざ「さん」をつけることは、関西以外ではありませんでした。

日本は「お客様は神様です」文化ですから、客が店を「さん」づけで呼ぶ必要はなかったということもあります。
ただ、「お花屋さん」とか「ケーキ屋さん」という言い方は、幼児語や女性語のなかでは使われてきました。その流れもあって、店の名前に「さん」をつけることが広がってきたのでしょう。

●大学さん？

「さん」に関して、最近私がびっくりしたことは、大学のコンサルタントをしている会社から、

「弊社《へいしゃ》は多くの大学さんとお仕事させていただいています」

と言われたことです。
「東京大学さん」や「早稲田大学さん」という固有名詞ならまだわかるのですが、

「大学さん」とは……！　詩人の堀口大學《ほりぐちだいがく》のことを言っているのかと、一瞬思ったほどです。

「○○社さん」のように、固有の会社名に「さん」をつけるのは、さん付けとして不自然というわけではありません。会社には「法人格」という、ある意味の「人格」があるわけです。それに固有名詞ですし、必ずしもおかしくはない。

また関西で、「お寺さん」と言っているときも、一般名詞としての「寺」に対してではなく、「近所のあのお寺」を指して「お寺さん」と言っていることが多い。つまり、固有の会社や寺に対して「さん」を使っていたわけです。

しかし「大学さん」と言い出した瞬間に、「さん」づけの意味が拡散の方向へ変わっていったのです。「大学さん」がOKならば、「道路さん」「ビルさん」「横断歩道さん」という言い方だってできてしまいそうです。

書いているうちに、すでに使っている人もいそうな気がしてきました。

●「○○社さん」を使わない会話は、もはや難しい

私は「正しい日本語」はある種の幻想だと思うので、こだわらないですし、流行語を使うのもおもしろいので好きなのですが、「○○社さん」に関しては、むやみに媚《こ》びているようで妙に居心地が悪いのです。だから、なるべく「○○社さん」を使わないようにしています。

ところがいまや「さん」を使わずに仕事の打ち合わせをしようとすると、一人だけえらそうに見えてしまって大変なのです。打ち合わせしている相手の会社のことは「御社」や「貴社」と呼ぶことで敬意を伝えられますし、自分の会社のことは「弊社」や「小社」と呼べばすみます（そもそも対面している相手の会社まで「御社」ではなく「○○社さん」と呼ぶのは、かえって頭が悪そうです）。

ところが相手の会社も、自分の会社のスタッフもその場にいない会社のことを、「○○社さんにスケジュールを相談しましょう」と言っているのに、自分だけ「○○社とはいつ打ち合わせをしますか」と言うと、もはや乱暴にすら聞こえてしまう。

「さん」を使えばそれだけで、丁寧で相手を尊重している感じになりますし、なによりラクなのです。

私も抵抗するのが面倒なときは「○○社さん」を思わず使ってしまいますが、あまりのラクさに驚きます。

また、会社の中で、部署名を呼ぶときにも「さん」付けが広がっています。「制作さん」「営業一課さん」など、ちょっと距離感のある部署や、こちらが何かを頼むことの多い部署を「さん」付けしています。

最近ではそれが行き過ぎて、「○○社様」という言い方まで出てきました。

また病院では「患者さん」がいつの間にか「患者様」になっています。ここまで来ると、かえって慇懃無礼《いんぎんぶれい》な感じは否めません。

とはいえ、「○○社さん」を使わないで抵抗し続けるのは、なかなか難しそうです。

なにしろ、「さん」というのはとても便利な言葉なのです。

●「ｓａｎ」は世界で評価されている

「さん」という呼称は、日本にくわしい外国人の間でも流行《はや》っています。

その理由の一つは、「さん」は、会社にも使えるし、人間に対しても、女性の既婚か未婚かを問わないどころか、性別さえ問わないから、だそうです。「さん」には、Mr. Mrs. Miss の区分けがありません。

性別を問わない一般的な敬称というのは、他の言語ではあまりないそうです。「さん」は世界でも稀《まれ》に見る便利な敬称なのです。

たとえば電子メールで「Fukasawa-san」「Maki-san」というふうに使うそうです。たしかに、外国の名前だと、性別もわからないことがあるので san はとても便利です。私もよく外国のホテルをメールで予約するのですが、だいたい「Mr.Fukasawa」という返事が返ってきます。

放置しておくと「これは男性の予約だ」と思われてしまうので、仕方なくその返事に「Fukasawa/Ms.」とは書くのですが、面倒くさいし、自分を「Ms.」呼ばわりするのも、なんだかこっぱずかしいものです。そう考えると「さん」は本当に万能ではあるのです。

●消えゆく「くん」文化

いまや、学校でも、教師が生徒を呼ぶときは、男子でも女子でも「さん」づけになっています。男子にたいしても「くん」は使わない。

確かに「くん」はむずかしい呼称です。会社でも女性上司が男性部下を「くん」で呼ぶのはむずかしいし、抵抗されかねません。かつては男性上司は女性の部下に「◯◯くん、最近どうかね?」などと声をかけてきたものです。最近はそれも減ってきました。

ちなみに、私の経験上、「深澤くん」と呼ぶ男性上司は、女性の部下をコピー取りやお茶くみ要員と見ていることが多かったものです。まだ「深澤」と呼び捨てにされるほうがましでしたね。

だから彼らに「深澤くん、最近どうかね？　いつも元気でいいね！」と言われても、「てへっ、そうですかぁ？」といった、心のないトークを繰り広げていたものです。

この手の上司の問いかけにまともに返すのは面倒くさい。なぜなら、上司だってなんの意味もない問いかけをしてるわけですから。「深澤さん、最近どう？」とか、「深澤、最近どう？」と問いかけられれば、もう少しちゃんと答えていましたが。

いまや女性に対する「くん」が残っているのは、男性週刊誌や夕刊紙だけかもしれません。グラビアアイドルなどを「○○クンのごっくんボディ」などと表現する文化は根強く残っています。カタカナの「クン」なのがポイントです。さらにクンという表記だとカンペキです。

たとえば、週刊文春やアエラは女性読者が多いと言われます。だから女性のことを「クン」とは呼びません。しかし、フラッシュや夕刊フジなど女性読者がほとんどいない媒体《ばいたい》には「クン」がまだまだ跋扈《ばっこ》しているイメージです。

とはいえ、全体的には「くん」は駆逐《くちく》されつつあります。男性も自分の男性部下にすら「くん」と呼ばず「さん」と呼ぶようになってきています。「さん」と呼ぶほうが差し障《さわ》りがないのです。

「さん」は無色透明で、万能な敬称です。目の前にいる人に「さん」といって失礼な場面というのはあまりありません（「先生」と呼ばれ慣れている人は、むっとするかもしれませんが）。

「さん」はこのように便利なので、他の言葉に取って代わる趨勢《すうせい》は止まらないし、本当に世界へ広がっていくかもしれません。

自民党の大敗と民主党の勝利で話題になった、二〇〇七年の参院選ですが、選挙速報番組を見ていると、

「自民党さんの敗因は」だの、

「公明党さんとは今後も一緒に」だのと、

議員がみな口にしていて、あまりのバカっぽさに笑ってしまいました。

そのうち、「アメリカさんとの交渉は」だの、「中国さんへ輸出します」だの、国の

ことも「さん」づけするようになるのでしょうか。

●「させていただく」に込められた意味

いまや、

そして「代理店語」でもっと気になるのは、「○○社さんと仕事させていただく」の「させていただく」の部分です。

「○○デパートさんでお買い物をさせていただきました」

などとブログで書く人もいるくらいです。これは、「○○デパートで買い物しました」でよいと思うのですが。

しかし「させていただく」と言ったほうが丁寧だし、なんだかハイソだと考えている人たちが出てきたのです。

この「させていただく」も、やはり関西弁から来ているようです。「あそこのお寺さんとは昔からおつき合いさせていただいてます」などという言い方です。

これには、「お寺さんとご縁があって」という気持ちと、「うちは（名士だから）あの（有名な）お寺とつき合える」とアピールしているところもある。

そして代理店が「させていただく」を使い始めたときも、

「○○テレビさんなら、局長の△△さんとおつき合いさせていただいてますよ」

と、つき合いがあることを自慢し、アピールしたかったわけです。聞き手からの「△△局長とおつき合いがあるんですね。さすがですね」という賞賛を期待しての、「させていただく」だったわけです。

もともとは「仕事させていただく」は、許可をいただく、という意味が強い言葉でした。

たとえば、宮内庁《くないちょう》に出入りしている業者が、「宮内庁に出入りさせていただいています」というときには、「宮内庁に弊社の商品を使っていただくなんて、本当に光栄でございます」という意味合いがありましたが、いまは変わってしまったわけです。

●「受け身」をにおわせるための、「させていただく」

「させていただく」が広がることによって、いまや、なんでもかんでも「させていただく」を使うようになっています。

私は「〇〇社さん」同様、「させていただく」はどうも好きになれない物言いなのですが、一番イヤだと思うのは、この言い方には「自分が選んでいるわけではない、受け身である」とアピールしているところを感じるからです。

「させていただく」を使うことによって、たとえ本当はこちらからがんがん営業したとしても、なんとなく依頼された感じが漂って、望まれて仕事している雰囲気《ふんいき》を醸《かも》し出すことができるのです。

恋愛においても、

「私、○○さんと結婚を前提におつき合いさせていただいてるんです」

と言ったときは、実際にはこちらから必死に告白してつき合えたとしても、そんなふうには聞こえないですよね。

いまや「○○社と仕事してます」「○○さんとつき合ってます」と言うと、攻撃的で、感じが悪いような気さえしますが、「仕事させていただいてます」「おつき合いさせていただいています」と言うと、自分が主体であるにもかかわらず、「生々しさ」を遠ざけている感じもあり、いやらしい感じがなくなる。

この会社とどうしても仕事をやりたかったわけじゃない、この人と、そんなにつき合いたかったわけじゃない、というアピールになるのです。「させていただく」という言い方をするようになったことで、どんどん「当事者性」がなくなり、責任主体を遠ざけている感じが、どうしてもするのです。

たとえばこちらが仕事を発注しているのに、「○○社さんとお仕事させていただいている」という言い方は、これまではあり得なかったのです。

もちろんむやみに「○○社に仕事をやらせてやっている」と言う、いばりんぼおやじのような言い方よりはましかもしれませんが。

●代理店はカタカナ語が大好き

ここまで「○○社さん」や「させていただく」で、代理店語を見てきましたが、そのほかの特徴も紹介していきましょう。

まず、なんといってもヘンなカタカナ語をつくること。いまや、彼らが流通させた、コンセプトだの、コンテンツだの、コラボレーションだのという言葉はすっかりなじんでしまい、私もついつい使ってしまいます。

とはいえ、外資系の広告代理店と仕事をしたりすると、

「ドキュメントをアセンブリします」

などといわれて、「なにそれ?」と思うわけです。その作業を見ていると、単に資料をそろえて封筒に入れてるだけだったのですが。

そして「あのー、アセンブリってどういう意味で使ってるんですか」と聞いても「こういう作業です」と、ちゃんとした返事はかえってきません。

辞書を調べると、「アセンブリー【assembly】①集会。会合。②機械・建材などの、最終的な組み立て」(大辞泉)とのことなので、会合用の資料の組み立て、という意味で使っているのだな~となんとなくわかりましたが。

しかしこういう、意味がわからないかっこいい言葉ほど便利なので、燎原《りようげん》の火のようにあっという間に広まっていきます。「封筒に資料を揃えて入れます」より「ドキュメントをアセンブリします」のほうがかっこいいし、仕事をやる気になるかもしれませんしね。

よく言われることですが、日本では、外来語(ことに英語)を日本語に翻訳するときにいろいろな工夫がなされてきました。洋画や海外ミステリなどでも、二〇~三〇年前までは、タイトルを翻訳するのが当たり前でした。

しかしいまや、翻訳をしないことで、ラクなだけではなく、言葉の意味が薄まるのです。

「ホワイトカラーエグゼンプション」のように、ちゃんと発音すらできないような言葉もそのまま使われてしまいます。これは日本語にすると「ホワイトカラーの労働時間規制適用免除制度」となりヤバそうだなとぎょっとしますが、カタカナだと意味すらわかりません。意味さえきちんと説明できないことを、カタカナで言ってしまうことで、全体的に「まあいいや」という感じが、本当の意味がよくわからないまま広がる。

「セクシャルハラスメント」だって本当なら深刻な問題ですが、カタカナ語で、しかも「セクハラ」などと略すことで、かるい感じになってしまっていますよね。やはり、「性的いやがらせ」と言ったほうが本来の意味が伝わります。こうして、意味をはっきり把握《はあく》しないうちに、さらにその言葉をカタカナにしたり省略形で使うことで、言葉がどんどん軽くなっていくわけです。

しかしながら、私は外来語がいけないという話をしたいわけではありません。日本語はそもそも、外来語である中国語の影響なしには成立していませんから。日本は、外来語を受け入れやすい民族だし、外来語によって思想も受け入れる民族だったのだと思います。

こんな中で代理店は、カタカナ語を取り入れていったわけです。「明るい」を「ポジティブ」と言い換えたり、自分たちの仕事である「マーケティング」という言葉を広めたり。

とにもかくにも、代理店の人と打ち合わせをするとカタカナ語の多いこと。そして言ってることの半分以上がわからない。

そして「どういう意味ですか?」と聞いても、説明してくれません。

しかし、「この話を相手にわかってほしい」という気持ちが本当にあるならば、自分が使っている言葉がどれだけ理解されるかを気にかけるはずで、そう考えればむやみにカタカナ語は使えないはずです。誰に対しても、よくわからない(自分も実はわかっていない)カタカナ語を使うというのはそういう配慮に欠けている証拠です。せめて相手に伝わっているかを考えて言葉を選びたいものです。

おバカ語 6

家族大好き語

「はい、尊敬する人はお父さんです」

家族大好き語

尊敬する人はお父さんです!!
ほーいい若者だな…
オヤジのこと尊敬するって言ったら採用だったよ…
…そうか…
実は、オヤジ求職中
……
精肉
手をあらう。
尊敬する人はコドモです…
うーん…

●家族を謙遜しなくなり、「豚児《とんじ》」と「宿六《やどろく》」は消えてゆく

おバカ語1で紹介した自分を大好きな人たちが使う「自分大好き語」。

彼らは自分を大好きなように、家族のことも大好きです。そんな彼らが使うのが「家族大好き語」です。バブル期以降に増えた現象ですが、

「うちのお父さん」

「うちのおねえちゃん」


と、プライベートだけではなく、会社などの公の場で話す人たちが増え、「私の父」「私の姉」という呼び方が少なくなってきています。

かつては、身内のことは謙遜して「父、姉」などと呼ぶというルールが、共有されていました。そして家族を過剰に謙遜して呼ぶ、豚児、愚息《ぐそく》、宿六、愚妻《ぐさい》などという

言い方は、いまや知っている人も少なくなってきました。

たしかにこのように身内を「豚」扱いする、無意味に卑下《ひげ》するような呼び方は、聞いていても気分のいいものではありませんから、なくなっても悪いことではないのかもしれません。

しかしだからと言って、どこでもかしこでも「うちのお父さん」を連発するのは、ちょっと頭が悪い感じではあります。

せめて、「父」「母」と呼ぶほうが賢く見えるということくらいは知っておいてほしいものです。

●アメリカのホームドラマにおける家族の会話

昭和の昔、アメリカのファミリードラマを見ていると、みんなが自分の家族を褒め讃《たた》え合っていることに、なによりもびっくりしたものです。

「うちのパパったら最高なの！」

「なに言ってるんだよ。ママこそ最高さ！」

「ウチの子どもたちは素敵よ〜！」


アメリカでは本当にこんな会話がやりとりされているのか？　と耳を疑いました。

冷蔵庫が大きいことにも、サンドウィッチが大きいことにもびっくりしましたが、何より、家族みんなが讃え合っている様子に驚愕《きょうがく》したのです。

一九六七年（昭和四十二年）生まれの私にとっては、家族は気恥ずかしい存在でした。スーパーで母親の手を引いて「ママ、これ買って！」とおねだりしているのを友だちに見られるくらいなら死んだほうがまし、と思っていたものです。

アメリカ人にはそれがないの？

アメリカは豊かだから？

昭和の日本では、ある意味、家族こそが「貧乏くささの象徴」でもあり、その存在を友だちに見られるのが恥ずかしかったものですが、日本が豊かになるにつれ、家族は恥ずかしい隠す存在ではなく、大好きで、友だちにも自慢したい存在へと変わってきたのです。

そして日本でも「パパ大好き！」「ママ素敵！」と人前でもいえる文化になってきました。「豚児」「宿六」と呼ぶ文化がなくなったのは当然のことといえるでしょう。

●親を自慢する文化

そしていまや尊敬する人として、「お父さん、お母さん」を挙げる人が増えました。

尊敬する人といえば、昭和の子どもたちがあげるのは、王貞治《おうさだはる》や植村直己《うえむらなおみ》、マザー・テレサなど、何かを成し遂げた偉人がほとんどでした。偉人伝も広く読まれていたので、キュリー夫人、ヘレン・ケラー、野口英世《のぐちひでよ》といった人たちが何をしたのか、子どもでも知っていましたし。

しかしいまは偉人の出番も、どんどん減る一方です。子どもが尊敬する対象も、遠くの偉人ではなく近くの「親」へと変わってきているのです。

　また、昭和世代の父親が「俺は、昔は不良だった」とよく言いたがるように、親というものは自分の来し方を若干脚色《じゃっかんきゃくしょく》するものです。

　私は小さいころ病弱で東大病院に通院や入院をしていたのですが、父親から「お父さんは東大に行きたかったが、ぎりぎり入れなかったので、東大の次に難しい大学に行ったんだよ」と聞かされ、「お父さんは頭がいいんだなあ」と真に受けていました。

　父が卒業したのはとある国立大学で、そこそこよい大学なのですが、けっして東大の次ではありません。しかし私は自分が受験するころまでこの話を信じていて、偏差値を見てはじめて、「ぜんぜん違うじゃん！」と思ったことがありました。

　このように、子どもというものは親の言うことを容易に信じてしまうものです。幸い私は「親を自慢する」という文化に染まっていなかったので、「うちのお父さんは東大の次に難しい大学に行った」と友だちに言わなかったぶん、傷が浅かったからよかったのですが。

　しかし、家族を自慢する文化の人々は、平気で、

「うちのお父さん、マレーシアに橋を作ったんですよ」

などと言います。

実際にはちょっと視察に行っただけだったりするのに、「あの橋はお父さんが作ったんだよ」と父親から言われるとそのまま受け入れて、検証することもなく人に自慢してしまうのです。

「ケンカでは負けなかった」とか、「お母さんはクラスでいちばんモテたけど、お父さんがライバルに勝った」とか、こうした親の語るちょっとした伝説を鵜呑《うの》みにして、そのまま父親自慢をする若者は、いまはとても多いのです。

●お父さん伝説——家族のなかでの「おれおれ詐欺」

私は『平成男子図鑑』（日経BP社）という著書で、多くの若い男子に取材しました。そこで出会った若者たちは、絶対に「それお父さんの作った伝説だよね？」とい

う話を一つや二つはもっていました。たとえば、

「ぼくのお父さんは本当なら、志村《しむら》けんの位置にいるはずだった」

という若者がいました。しかしよくよく話を聞いてみると、どうもあやしい話なのです。

おそらく彼の父親は志村けんの所属事務所などの周辺にいた人ではあったのでしょうが、志村けんの位置につくはずだったとは考えにくいものです。

しかし、父親から言われた本人は疑うことすら思いつかないわけです。「オレの親ごときがそんなはずはない」という気持ちは一切もたず、「さすがお父さん、そうなんだ！」と鵜呑みにして、その尊敬を二〇歳を過ぎても持ち続けている。

それどころか私に対しても熱い眼で、

「ねっ、すごいでしょ、うちのお父さん！」

と同意を求めてきます。

こういう場面になるたびに私は、「どうしよう？　話の矛盾《むじゅん》点に突っ込もうかなぁ。でも彼はこの嘘を信じて、ずっといままで来たわけで……」と本当に悩んでしまうのです。

父親の嘘を嘘と知りながら、だまされてあげるのならばいいのですが、嘘を鵜呑みにしてしまうのは、ちょっと恥ずかしい。親の自己申告を丸のまま信じてしまうということは、言い換えれば冗談が通じないということでもあります。

親のほうは最初は冗談半分で言ってるところがあるのでしょうが、子どもが素直に「おーすげぇ！」といつまでも信じていると、親としても引くに引けなくなり、むしろ自己暗示にかかって「本当におれは志村けんになってたかもな……」などと記憶の書き換えが起こったりしてしまいます。

さらに年をとってボケてくれれば、「子どもが言うなら俺はそうかもしれない」と思いこんだり。これが本当の、自分による「おれおれ詐欺」かもしれません。

●貧しさも、ケータイがなかったことも自慢

貧しさがまだ残っていたころの日本だったら、「そうは言ってもオヤジは大したことなかったんじゃ？」という発想も生まれたかもしれませんが、いまや日本も豊かになっているので、「お父さんは本当にすごかったのかも」と信じやすくなっている面もあるでしょう。

そして貧しかった日本が豊かになるまでを知っている昭和世代の父親たちにとっては、ちょっとした貧しさだったら自慢になったりもします。たとえば、「お父さんの時代は、一〇円玉三〇枚もって公衆電話から彼女に電話した」とか、そういう類の小さな武勇伝はよく聞かされるものです。

若者たちからすれば、ケータイがない時代というのは、戦後の焼け跡時代くらいに遠い話のように思えるでしょう。彼女ではなくて、父親が出るかもしれないのに電話をするなんて、たしかに考えられないでしょう。

私も、中学や高校時代は、異性だけではなく、同性の友だちの家でも電話をかけて、

お父さんが出たらいやだなあ、などと思っていたものでした。なぜかよそのお父さんは無愛想なものでしたし。

そして、相手の父親や母親ときちんと電話で話せると、「あの子はしっかりしてるわね」と株が上がったり。そんな時代でした。

お父さんたちは、「オレたちが若いころは、ケータイなんかなくって大変だったよ」という話をするものです。せずにはいられない、というか。なぜなら、ケータイがなかったのが悔しいから。

私もよくケータイのない時代について若者に話してしまいます。だって本当にケータイのない時代は面倒くさかったですから。テレホンカードすらなかった時代はもっと大変で、一〇円玉の数を気にしながら電話していたものです。おつりが出ない一〇〇円玉を勇気をもって投入したのに、うっかり切れちゃったり。

大学に入ってひとり暮らしをして自分の電話を引いたとき（「電話を引く」もそろそろ死語になっていきますね）、本当に本当にうれしかったことを思い出します。

こうした、ちょっとした時代格差のなかで生まれることを、子どもに自慢し、子どももそれを真に受けるのです。

ケータイ話以外にも、昭和世代は、セーターのヒジやズボンのヒザがすりきれれば布を当てたり、靴下に穴があけば、電球を入れて縫い合わせたり。

私の父親は一九三七年（昭和十二年）生まれで戦争中に小学生だったのですが、卵やバナナや桃の缶詰がいかにゼイタク品だったかをよく語っていたものです。

親が戦争を知っている世代と知らない世代の間では、「貧乏」に対する考え方がかなり違うのです。たとえば私よりたった五歳年下でも、両親に戦争の記憶がない人とは、貧乏に関する意識がまったく異なります。こうやって、少しずつ世代間のギャップができあがっていくんだなと実感します。

●コクーン（繭《まゆ》）とシェルター（避難所）としての家族

さて、いまや家族同士でも讃え合うわけですが、それはコクーンやシェルターを作る行為でもあります。

最近、

「家族だけは信じられる」

という言い方が多くなりました。

たとえば、

「世の中で信じられるものは少ないが、親の愛だけは信じられる」

などと語る人が増えました。

「親を好き」と公言することはみっともないどころか、よいという風潮になっています。そして親も子どもをほめるのです。子どもどころか、すでに成人したり、下手をしたら中年になった子どものことを親がほめても、みっともないとは思わないのです。家族同士でほめ合い、支え合い、信じ合っているわけです。

そしていま、「いまの日本は安全ではない、こわい」という思いは強まっています。犯罪や天災や、子どもを巡るいじめなどの様々な問題に恐怖を抱くようになり、「家族だけが信じられる」という意識を強めているように思います。

しかし、日本における犯罪率は、戦後すぐの一〇年くらいが一番高く、あとはずっと低下しているのです。

いじめ問題だって、三〇年前からありますし（私は「校内暴力」「積木くずし」世代で、中学校が荒れきった時代に育ちましたから、いまの時代が取り立ててひどくなったとは思えません）、天災だって、日本は昔から多かったのです。

また昔は、運が悪くて事件に巻き込まれても、「しょうがない、運が悪かった。自分でいくら予防措置《そち》を講じても、防げないときは防げない」と思っていたわけです。

しかしいまは、犯罪なりいじめなり、天災ですら、なんとかすれば予防や対策ができると思っているような気がします。つまり、犯罪というものが自分たちに与える「恐怖感」が増している一方、自分のいまの状態を守りたいという「セキュリティ意識」も高まっているのです。

言い換えれば「諦めが悪い」ということです。

●なぜ「家族大好き」意識が高まったのか？

親殺しや子殺しについても、過剰に大騒ぎになります。

実際には日本の子どもの犯罪率は低下しているし、日本全体の犯罪率も世界的に見ると異常に低いのです。しかし、一つでも凶悪な犯罪があるともう大騒ぎになってしまう。

落ち着いて考えれば、自分が子どもに殺されたり、親に殺される確率なんて、宝くじで三億円が当たるよりもずっとずっとずっと低いのです。バラバラ殺人がたまたま二回連続して起こっただけで、「あなたも家族にバラバラにされないためには⁉」などという記事が出る。バラバラ殺人の被害者になるなんて、宇宙飛行士になるくらい難しいことです。

しかし、マスコミなどが煽《あお》ることもあって、人々は凶悪犯罪におびえています。

一九九五年にオウム事件と阪神・淡路大震災があり、戦後ずっと平和だった日本人たちは衝撃を受け、自己管理や危機意識が盛り上がりはじめ、家族だけがコクーンやシェルターであり、自分を守ってくれるものという意識が芽生えたのかもしれません。

バブルが弾けたこと、オウム事件、阪神・淡路大震災は、日本人の心に、第二次世界大戦以来のトラウマを与えました。自分の身は自分で守る、頼りになるのは家族だけ、という考え方が生まれたのは、こうしたことが背景にあります。

日本が豊かで平和な時代には、どんなに凶悪な事件があっても「そんなことは自分の身には起こらない」と思えていましたが、バブルがはじけて、阪神とオウムを経たいまの日本では、「そうとは限らない」という風潮が強まっているようです。

●「家族だけが大切」現象がいきつくところ

もちろん、危機意識をもつことは悪いことではありません。

しかし、コクーンになるのが家族だけなのかといったら必ずしもそうとは限らないと思うのです。もしいま、家族に絡んだ犯罪が増えているのだとしたら、むしろその原因は「家族こそが信じられる」という幻想にあるのかもしれません。なぜなら、「家族しか信じられない」からこそ、家族とのちょっとした行き違いが許せなくなる、ということも多いからです。

家族だからといって必ずしもわかり合えたり信じ合えなくてもよいと思うのですが。自分大好き、家族大好きなマインドはますます強まっていきそうです。そして「家族への愛」という物の言い方がもっともっと増えていきそうです。

家族を大切にするのは悪いことではないけれど、「会社よりも友だちよりも家族だけが頼りになる！」というのは、「そうなのかなあ」と思ってしまいます。会社も友だちも家族も、それぞれみんな大事にして、助け合っていけばいいだけだと思うのです。

おバカ語 7

ポジティブ・エンジョイ語

「前向きに楽しみたいと思います！」

ポジティブ・エンジョイ語

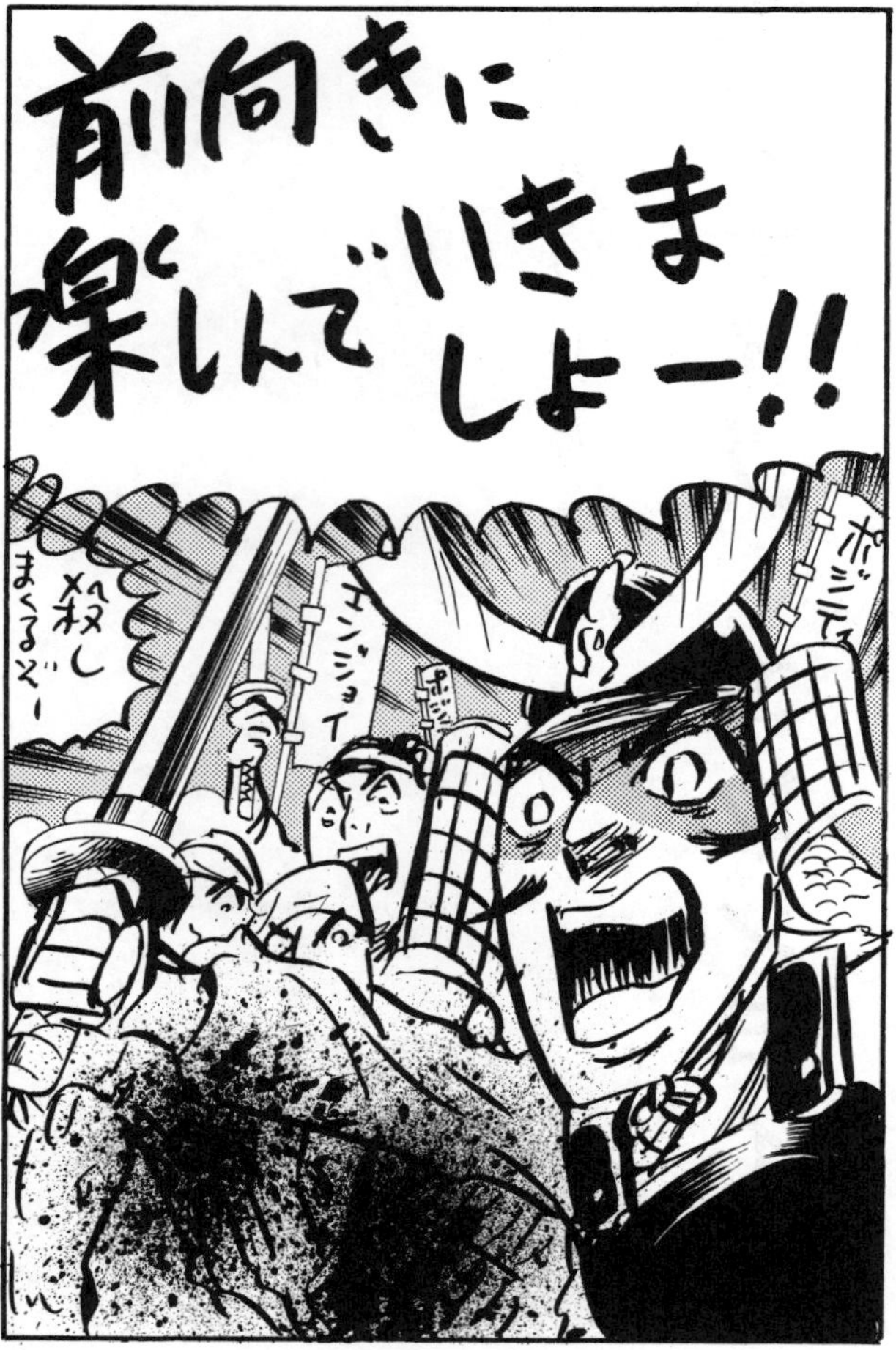
前向きに楽しんでいきましょー!!
ポジティ
エンジョイ
ポジ
殺しまくるぞー

●「ポジティブ」という言葉は、バブル期に誕生した

ポジティブという言葉が、日本で「前向き」という意味で使われるようになったのは、バブル期でした（それまでは写真フィルムのネガとポジくらいにしか使われていなかったのです）。

故・ミス・ミナコ・サイトウ（斎藤澪奈子）が一九九一年に出した『愛のポジティブ・シィンキング』という本で大流行したのです。彼女は欧米との貿易を手がける実業家で、五カ国語を話す、いまでいうセレブ（当時はセレブという言葉はありませんでした）。

そしてキャッチフレーズは「私はミス・ミナコ・サイトウ。ヨーロッパの上流社会ではよく知られた名前です」。デヴィ夫人と叶《かのう》姉妹を足して割ったような、バブル期を象徴するゴージャスな存在でした。

そしてこの言葉と、「ポジティブ・シンキング」という考え方は、バブル期の空気

と相まって、ありとあらゆる分野に広まっていったのです。それとともに、なんでもかんでも「楽しもう！」というマインドも日本中に蔓延《まんえん》しました。

「ポジティブ・エンジョイ語」の誕生です。

●「日の丸」から「楽しむ」へ——オリンピックの日本選手

まずはスポーツ分野。

私は、一九七六年開催のモントリオールオリンピックあたりからきちんと見ているのですが、バブル終期の一九九二年開催のバルセロナオリンピックのころから、日本人選手のコメントが変化してきました。

それは、いまでは当たり前のように聞かれる以下のような会話です。

「〇〇選手、これから試合ですが？」

「はいっ！　楽しんできたいと思います」

それまでの日本人選手は、「日本のために日の丸を掲げたい」などという悲壮な言葉を口にしていたものです。そして、「スポ根（スポーツ根性）」マンガやドラマという一大ジャンルが隆盛を誇っていたのが、日本のスポーツ界です。

日本人にとってスポーツとは『巨人の星』のように、「根性」で行なうものでしたから、「日の丸」「根性」から「楽しんでくる」への変化、ギャップには驚かされました。

この「エンジョイ（楽しむ）」という考え方は、もちろんポジティブ・ブームとも関連していますが、「スポーツ留学」の増加とともに、日本に輸入されたものだと思われます。

それまで、日本人コーチの指導しか受けていなかった日本人選手に、欧米人のコーチが「ｅｎｊｏｙ！」を連呼したのです。スポ根モードでいた日本人選手たちは、「スポーツもｅｎｊｏｙするのか？」とカルチャーショックを受け、「よし楽しむぞ！」と変わっていったのです。

この「ｅｎｊｏｙ」は、言い訳としても、とても有効です。「楽しんできます」と言えば、「勝つ」と約束しなくてすむようになった。はじめから楽しんでくるつもりの人に、勝ちを強要するのは難しいですし、勝たなくても楽しませてくれれば、それでも良いと、見る側の意識も変わってきたのです。

そして、この「ｅｎｊｏｙ」は芸能界にも広まりました。

「○○さん、初主演映画の仕事はどうですか？」と聞かれると、

「楽しんでやっています」

と答えるというインタビューは、いまやよく聞くものです。こう答えることで、「余裕」をアピールし、「必死さ」がない感じを演出できます。

そして、それが一般人にも浸透してきて、いまや、受験や就職活動でも「楽しんでくる」のはあたりまえです。どんな経験でも、「楽しまなくちゃ損」なのです。

●ヤワラちゃん（谷亮子《たにりようこ》）とアイちゃん（宮里藍《みやざとあい》）

ポジティブ&エンジョイマインドによって、自己肯定感の強いスポーツ選手が誕生しました。

世代がちょっと違いますが、柔道のヤワラちゃん（谷亮子、一九七五年生まれ）やゴルフのアイちゃん（宮里藍、一九八五年生まれ）はその象徴です。ヤワラちゃんとアイちゃんは、似てきたなと、つくづく思います。自分で、

「前人未踏《みとう》の記録です」

とぬけぬけと言ってしまうヤワラちゃんはともかくとして（ツッコミどころ満載のヤワラちゃんの結婚のあれこれを見て、彼女をウォッチしてきたナンシー関が生きていたら……と嘆いた人は多かったものです）、アイちゃんまでもが、

「国民のみなさんが楽しみになさっている私の試合だったので、良い結果が残せてほっとしました」

というようなことをのたまうようになってしまいました。

彼女たちは、競技への「自己肯定感」が強いだけでなく、女としての「モテ自意識」も強いのです。

ヤワラちゃんは谷佳知《よしとも》選手と結婚するまで数々の浮き名を流しましたし、以前は「競技を辞めたら女優になりたい」などとも言っていました（水泳の銀メダリストからの女優転身に失敗した田島寧子《たじまやすこ》の経験からか、最近はそんなことは言わなくなったようですが）。

アイちゃんもいくつかの浮き名を流し、自分のファンだというWaTのウエンツ瑛《えい》士《じ》とわざわざテレビ番組で対面し、ものすごーくもったいを付けて自分のメールアドレスを教えていました。

たしかに二人ともスポーツ選手としては素晴らしい実績を残していますが、モテキャラと言い切れるルックスではありません。そもそもそんな必要もないはずですし。

ヤワラちゃんとアイちゃんはこのように競技にも強い自信を持ち、女としても強い自信を持っている。ここまで強い自己肯定感があれば、迷わないで済みますから、ますます強くなれるのでしょう。

これは彼女たちの競技が、柔道やゴルフという「一人種目」なのも大きな要因かもしれません。チームスポーツでは、あの自我の強さはマイナスに働くこともありそうですが、一人なので存分にプラスの力を発揮するのでしょう。

●みんな自分を「オリンピッククラスの人間」と思っている

日本人のなかにあった、良くも悪くも封建《ほうけん》主義的な「分をわきまえる」「足るを知る」といった考え方が、バブル期あたりからだんだんと減ってきて、逆に、

「やりたいことをやる」

「好きなことを仕事にする」

ことがいい、という思想が生まれてきました。

こういうことを言い出したのは、「自由」や「好き」を謳歌《おうか》した団塊の世代あたりからです。彼らは子どもに対して「好きなことをしなさい」と言い始めました。

そして彼らの子どもである団塊ジュニア世代は、勉強だけでは偏《かたよ》るからと、習い事もさせられました。女の子だったらピアノやバレエ、男の子だったら野球やサッカーチーム。それは「隠れた才能があるかもしれないから伸ばしたい」という親の野望もあったのですが。

ポジティブ・エンジョイマインドの蔓延で、

「好きなことを仕事にして、それを楽しむ」

「好きな仕事で自分を成長させる」

といった考え方が広まってきて、それがよいことだと思っているわけです。

たしかにどんな分野にも、スポーツで言えば、オリンピッククラスの実力の持ち主はいます。そういう人たちは、好きなことを仕事にしていいのかもしれません。

しかし、国体クラスの人であれば、向いてることを仕事にできれば十分でしょう。

さらに、高校の部活レベルの能力の人であれば、自分にできる仕事をきちんとやればそれでよいと思うのです。

つまり、自分の「立ち位置」や「役割」をきちんと把握し、それをそこそこ果たせれば十分でしょう。それが現在では、どう見ても高校の部活レベルの実力の人が、オリンピッククラスの仕事ができない、と嘆いているようなことがよくあります。

●「いい経験でした」という物言い

さらに、

「いい経験でした」

という物言いも生まれました。

なんとなくいいことを言っているようで、これもじつにいやらしい言葉です。この言葉を使えば、どんなにいやな経験でも「ポジティブ」に転化してしまいます。

しかし、世の中には経験しなくていいことがあるし、出会わなくていい人もいるし、そんな目に遭《あ》わなくたってよかったことが、確実にあります。何もかもがいい経験であるわけがありません。

だいたいいやな目にあったり、失敗しても、なんでもかんでも「いい経験」とまとめてしまうと、「もう二度とそういう目に遭わないようにするために手を打つ」ということをしなくなってしまうのです。

たとえば、交通事故にあった人は「いい経験でした」とは思わないし、言わないでしょう。その事故にあった状況を思い返して、「酔っ払って、夜の横断歩道を渡るのは危ない」などということを学習するはずです。

しかし、いまや「いい経験でした」がはびこっています。みんながみんな「あれもこれもいい経験だったよ〜」と言うのは、単なる思考停止です。

「ここにくるまで遠回りしたけど、いい経験だった」

などと言っても、遠回りは遠回りにしかすぎず、本当は無駄なことのほうが多いはずです。実際の道を歩いていて、迷って遠回りして遅刻したときに、「道に迷って遅刻しましたが、いい経験でした」などとは言わないですし、そんなことを言ったら怒られます。

むやみに「いい経験だった」ときれいにまとめずに、遠回りだったことをまずは認めればよいだけだと思うのですが。

たとえば、起業家へのインタビューなどを読むと、

「東大に落ちたのは結果としてよかった」

などとも言いますが、東大に行っていたら、それはそれでいいことがあったでしょう。

また、

「〇〇社に落ちたことでいまの僕がある」

などとも言いますね。

「いまの僕」があるのはそうかもしれないけど、「別の僕」もあったかもしれないわけで、いまの僕ばかりを全肯定しなくてもいいのでは？　と思うのです。不幸も失敗も、ポジティブ・エンジョイマインドでとらえすぎなのです。

失敗について話す場合も、恥ずかしそうに「いや～情けないことに東大落ちちゃって……」という感じではなく、「ええ、東大落ちました。でもいい経験でした」（白い歯がキラリ！）という感じなのです。「失敗もステキに演じてしまう僕」が好きなのでしょうが、バカみたいです。

また、

「後で、いい思い出になります」

ともよく言うのです。彼らは失敗して怒られても、反省するより「それもいい思い出になる」と思っています。もともと「思い出」マインドは女性によく見られましたが、このように男性にも増えています。

●失敗も反省も後悔も、人生には必要

ここまでくるとなんだか笑ってしまうのですが、

「人生に失敗はない」

と言い切る人もいます。

人間が生きることはそれ自体が素晴らしい経験なのだから、どんな経験も失敗ではないのだ、という思想だということはわかるのですが、失敗なんてあるに決まってます。もし失敗がないと本気で思っているとしたら、それはただ単に記憶力か判断力に問題があるのでしょう。

これは私自身も、大学時代にかかっていた病気でしたが、

「反省はするけど後悔はしない」


という言い草もあります。

二〇歳そこそこだった私は（時代がバブル期だったこともあり……）、「私は反省するけど後悔はしない」と鼻をふくらませて言っていたものです。

これも、失敗したときに「省《かえり》みて」も「悔い」はしないという、一見かっこいい

物言いなのですが、人間、失敗したら悔いるべきことは多々あるわけです。いまはもちろん、あまたの失敗を経て「失敗したら後悔したり、クヨクヨしたほうがいいって！」と思っているわけですが。

すべての経験をあまりにもポジティブにとらえて、ネガティブにとらえることをしないようになると、いざ、「いい経験」ではとてもまとめきれない大変な経験をしたときに、それに対処する方法がわからなくなってしまいます。

●五分たりとも、無駄にしたくない

「人生をどれだけ大事に生きるか」

という言い方もよく聞きますね。

たとえば、

「大事な人生だから五分も無駄にしない」とか、

「この五分で何ができるか？」とか、

「毎朝の五分の積み重ねで英語がしゃべれるようになった」


などという本が売れたりします。

このように「人生を五分たりとも無駄にしない」、というのもポジティブ・エンジョイマインドに支えられていると思います。

また彼らはよく、

「寝る時間がもったいない！」とか、

「ぼんやりする時間もない！」


とうれしそうに自慢します。

しかし人生というのは、よく眠るためにあるのかもしれないし、いいウンコを出すためにあるのかもしれない。

ところがいまや寝るだの排泄だのという部分は、人生の「サポートメンバー」に成り下がっています。寝ることもウンコすることも、人生のローディ（ライブなどで、楽器の手配や管理・運搬、セッティングを行なうサポートメンバーのこと）になってしまった。

しかし、人間の生体機能を維持する上では、寝たり出したりということは本当に大切ですし、「よく寝た！」とか「よく出た！」ということは満足度が高い行為です。いまではそれがすっかりないがしろにされている気がするのです。

●手帳ブームが意味するもの

「五分でも大事に！」という思想は、ここ数年の手帳ブームにも表われています。しかしそれらを実践している人は、「時間ビンボー」か「時間の奴隷《どれい》」にしか見えません。

私自身も若いときにはこの病気にかかっていたのでわかるのですが、ちょっと仕事ができる人間がかかりやすい病気なのです。そういうことを言ってると、なんだか充実しているし、楽しいものですし。

「ちょっと仕事ができる」、というのがポイントです。本当に仕事ができる人は「手帳術」なんて言わないものです。

彼らには、

「自分の人生を管理できる」

という幻想があるのです。時間だったり、不動産の購入だったり、子どもの教育だったり、体重や体脂肪だったり。少し前までは、みな自分の身長と体重しか知らなかったのに、体脂肪率、内臓脂肪率、筋肉量などを把握している人は増えました。

たしかに「時間」とか「数値化」というのはわかりやすいものです。体脂肪率なら、誰でもちょっと鍛えれば減らせるものですし、達成感があります。しかし、時間なんか、約束の時間に遅れなければいいだけですし、体脂肪だって、そこそこ健康を維持できれば十分です。

人生なんて自分の力だけでは、絶対に管理しきれないものなのですから。そこを勘違いしている人が増えているのです。

これらのポジティブ・エンジョイ語に象徴されるのは、一見「自分を磨く」考え方のようですが、実は「自分をラクにする」考え方だということです。なにかを楽しんだり、自己肯定をしたり、好きな仕事をしたいと思ったり、なんでもいい経験でまとめたり、人生に失敗はないと思いこんだり、人生を大事に生きるというのは、人生の「ポジティブサイド」だけを見ようとしているのです。

この生き方を選んでいれば人生のネガティブサイドを見なくてすむわけです。

しかし人生には、挫折や失敗などはよくあることです。挫折したときにポジティブになろうとするのは大事かもしれませんが、どんな時もたえずポジティブでいようとするのは、おめでたすぎるかもしれません。

ときにはポジティブな考え方を活用するのもいいでしょうが、このマインドはほどほどにしておいたほうが賢明でしょう。あまりこれが過ぎるとバカに見えますし、実際、思考停止のバカになってしまいかねません。

さて、このポジティブ・エンジョイマインドに支えられた人たちが集まると、リスペクト（尊敬）やありがとうの大合唱が始まります。

次は「ありがとう&リスペクト語」をご紹介します。

おバカ語 8

ありがとう＆リスペクト語

「感動をありがとう」「まじですげえ」

ありがとう&リスペクト語

株式市場
わーっみんなカンドーを乱発してるから
カンドーが暴落たー
カンドーの価値を維持するため…
カンドーを使用しすぎた者はきびしく罰します。
茶柱だよ。カンドーしたよ。マジカンドーだよ チョーカンドーだよ
死刑だーー!!

●スポーツ界から生まれた、「感動をありがとう」「元気をもらった」

なんでもポジティブに考えエンジョイする「ポジティブ・エンジョイ語」の仲間である、なんでもリスペクト（尊敬）して感謝する「ありがとう＆リスペクト語」を紹介していきます。

「ありがとう語」はスポーツ界で、「リスペクト語」はインターネットのブログやSNSのミクシィなどでよく見られる言葉です。

スポーツ界というのは、頭の悪そうな言葉がよく発信される場所なのですが、ここ数年の一番気持ち悪い言葉は、なんといっても、

「感動をありがとう」
「元気をもらった」

でしょう。

スポーツ中継で、

「○○選手、金メダル———っ！　感動をありがとう！」だの、

「日本中が彼の活躍で元気をもらいました」

だの、アナウンサーが絶叫しているのをよく聞くでしょう。

また選手たちも、

「私のプレイで日本に勇気をあげたい」だの、

「感動を与えられる選手になりたい」

だのと、よく語っています。

古田敦也《ふるたあつや》さんがヤクルトの捕手だったとき、スポーツ番組で、「感動を与えるプレ

イをしたい」と語る選手のあとに、「古田さんはいかがですか？」と聞かれ、「感動するかどうかっていうのは、受け取るほうが決めることでしょう。こちらが与えるものじゃない」と答えて、私は「おお、いいこと言うなあ、その通りだよ」と思ったのですが、スタジオでは何となく「はあ〜」という鼻白んだ空気が流れていました。

みんな、そんなに感動を与えてほしいのか？

いまや、スポーツ選手だけでなく、芸能人も、

「この曲で元気をあげたいですね」だの、

「この作品で勇気を与えたい」

などと語っていますし、新聞や雑誌の投稿欄などでも、

「数年ぶりの同窓会で元気をもらった」だの、

「道ばたでけなげに咲く花に勇気をもらった」

といった文章をよく見かけます。

これらが、なんでもかんでも感謝する「ありがとう語」なのです。

●「相田《あいだ》みつを」を頂点とした世界

そして、この「ありがとう語」のカリスマともいえるのが、「相田みつを」を頂点とした「ヘタウマありがとうポエム」とも言うべきもの。

相田みつをの数々のベストセラーのタイトルは、「にんげんだもの」「生きていてよかった」「おかげさん」など、まさに感謝に満ちています。彼のポストカードにはそのものずばり「ありがとう」とだけ書いたものもあり、よく売れているそうです。

感謝しないよりは感謝したほうがいいかもしれませんが、むやみな感謝は、しないよりタチが悪いかもしれない、とも思います。

●ブログブームの理由は、「讃《たた》え合い」にある

一方、なんでもかんでもリスペクトするのが「リスペクト語」です。

インターネットのブログやミクシィのブームを支えているのは、「自分の日常や趣味を知ってほしい」書き手による、自己表現欲だけではありません。その書き込みを読んで、「すごいですね」「すてきですね」などと讃えるコメントこそが、書き手のモチベーションになっているのです。

さらに、そのコメントを書いてくれた人のブログを見に行き、「そちらのブログこそ、最高のブログですね!」と讃え合う、その「リスペクト」し合う交流が、ブログやミクシィを続ける原動力となっているのです。

ブログの世界では、カリスマブロガーという存在が山ほどいるのですが、もしこのカリスマブロガーが、自分のブログを訪れてコメントしてくれたりしたらさあ大変。「カリスマブロガーの○○さんに訪問していただきました!」と大騒ぎになります。

カリスマブロガーは地方に住んでいる人も多いのですが、自分のブログのファンに、

上京するタイミングで、「僕、東京に行くけど、オフ会（ネットの世界〈オン〉でつながっていた人たちが、実際〈オフ〉に会う会合）をしてもいいよ」というメールを送ったりします。

すると、「カリスマブロガーの○○さんから直接メールをいただいた！」と大はしゃぎ。オフ会の後の報告ブログでも、「カリスマブロガーの○○さんはオーラが違いました！」とやんややんやの喝采《かっさい》です。しまいには、ハンドルネームに「様」をつけたりして、「○○様にお会いした」とか、えらいもちあげようなのです。

人というのは誰かを尊敬したいものだし、誰かに尊敬されたいものですから、その欲求を、ブログという仕組みのなかで簡単に「処理」してしまっているのでしょう。

●「まじですげえ」とリスペクトする人々

私がリスペクトする人々を発見したのは、「俺の友だちの皿回し（DJ）は世界一」と言うのを聞いたり、「あいつは最高なんだよ」という台詞《せりふ》を多く聞くようになったからです（くわしくは拙著『平成男子図鑑』〔日経BP社〕をごらんください、「リスペクト男子」について詳説しています）。

「こいつはすげぇ！」と思っているとき、人間の脳は気持ちがよくなっています。しかもその対象が自分の知り合いとなればなおさらです。

以前、電車のなかでダメホスト風の若い男子三人が話していた会話です。

兄貴分の一人（仮にアツシくんとします）は、とあるジャニーズタレントとオナチュー（同じ中学）だったのが自慢で、他の二人はそれを本気でリスペクトしているのです。

「アツシくんはジャニーズの○○とオナチューなんですよね」

「そうだよ。いまでも近所で会うと、おうっ！　とか言うよ」

「**マジすげぇ～！**　じゃ俺も街で○○に会ったら、アツシくんの後輩って言ってみよっかな。わかってくれますかね？」

「あ、わかるんじゃねぇ？　成人式の二次会でも○○がおごってくれたから」

「すっげぇ〜！」

「デビュー前のタレントの◇◇も連れてきてたし」

「アツシくんマジすげぇ！　オレの田舎じゃありえないっすよ」

と会話はヒートアップしていました。

弟分たちはジャニーズタレントへのリスペクトなんだか、アツシくんへのリスペクトなんだか、自分でもワケがわからなくなっていました。アツシくんも自分がジャニーズタレントになったくらいの勢いで、語っていました。

アツシくんを見つめる弟分たちの、あのキラキラした目は忘れられません。そして、電車内の他の乗客の、笑いをかみ殺したビミョーな空気も。

●「なにか面白いことを一緒にやろうよ」

前章で紹介した「ポジティブ」と、この「リスペクト」が合わせ技になると、とてつもなくうっとうしいことになります。これはとくに、ベンチャービジネスの社長のブログやメルマガなどでよく見られます。

「みんながつながっていけば、この会社も変わるよ！」
「笑顔が大事。いい笑顔をもらったら『笑顔をありがとう！』とメモを渡そう」
「みんなでこの日本を変えていこうよ！」

など、小学生の朝礼のような言葉の数々が躍り、それに対して読者たちが、

「本当ですね！　さすが○○さん、感動しました！」

とコメントを返すのです。
私はこれらのベンチャー社長と取材などで会うこともよくありますが、彼らは、「なんかビジネスしようよ」とよく持ちかけてきます。

「俺らでビジネスやったら面白いことができると思うんだ」

と言うのですが、そんなことは面倒くさいので、「私はそう思わないですけど」と返すと、本当にびっくりされます（お愛想で「そうですね」と返せばいいのでしょうが、私も大人げがないもので）。

そう、彼らは、

「なんか面白いことを一緒にやろう」

というのが大好き。

「俺からなにか引き出してよ」

などとも、彼らは平気で言います。

かつて「なんか面白いことない？」「楽しいことに誘ってよ」は、退屈な女たちの口癖だったわけです。

女同士で会うと、「最近面白いことない？」「いい男いない？」「楽しいことないかな」「楽しいことに誘ってよ」という埒《らち》もない会話が、延々と続いていたものです。

ベンチャー社長の「なんか面白いことない？」もどっちもどっちなのですが、退屈な女たちの「なんか面白いことしようぜ」も、妙にポジティブなぶんだけ、「面白いことしよう」のほうが、迷惑な感じがします。

●「最強のメンバー」って……

そんな彼らはすぐに友だちと仕事をしたがり、その結果はモメて終わり、というのがよくあるパターンです。

なぜなら、

「俺とお前が組んだらマジ最強じゃねぇ？」

と安易にリスペクトし合って始まった人間関係は、ちょっとでもお互いの考えにズレが生じると、即、裏切られたと感じて「あいつ許せねえ」となってしまうからです。ですからベンチャー企業の創業スタッフというのは、社長以外はみな離れていくことがとても多い。むやみに「最強」とリスペクトし合うから、もめてしまうのです。「アイツはお金にはしっかりしてるけど、企画力がない」とか、「企画力はあるけど、約束が守れない」とか、そんな感じで長所も短所も認めた上で手を組めば、期待しすぎず、裏切られたと感じることも少なくなるはずです。

「割《わ》れ鍋《なべ》に綴《と》じ蓋《ぶた》」というのは意外と大事なものです。「オレは割れ鍋、お前は綴じ蓋」、どっちもどっち、と思うくらいがちょうどいい。

そのうえで、「こんなオレなのに、一緒にやってくれて、お前ありがとな」「いやいや、オレも。失敗してごめんな」っていう、「ありがとう」なら、はたで聞いていても、気持ち悪くはありません。

●「小さな幸せを喜べる」体質

「ありがとう&リスペクト語」を使っている人たちに共通しているのは、よく言えば「小さな幸せを喜べる体質」であること。そして悪くいえば、「いちいち小さなことを喜んでいかないと、生きていけない人たち」だということです。

たしかに普通に生きていたら、日常に「大きな喜び」なんてなかなかないものです。だからこそ、小さな幸せを積み重ねるわけです。

そういう気持ちは全否定すべきものではないと思いますが、幸せを探しすぎると、それはそれで疲れてしまうと思うのですが。

人生は幸せも、嫌なことも両方、ほどほどにあると思って生きたほうが、よほど健全ではないでしょうか。

●「いつもオレを見てくれてありがとう」

ありがとう&リスペクト語を使う人たちは、物語をつくるのも大好きです。彼らはひとりひとり、「自分物語」を語りたがります。

たとえば、友だちに対しても、いて「くれる」、という言い方をします。J-POPの歌詞や、ドラマや漫画の台詞にもありがちな言い方です。

「友だちでいてくれてありがとう」
「恋人でいてくれてありがとう」
「いつもオレを見てくれてありがとう」
「どうか、いつも味方でいてくれ」

などと、「くれる」の連発なのです。

しかし「全肯定の人間関係」がうまくいくことは、「乳幼児と親」以外は、なかなかあり得ません。何をしても許せる、何をしてもいい、という幻想を持てるのは、乳幼児と親の関係だけで、それ以降も子どもを全肯定する親がいたとしたら、冷静さに欠けていると言わざるを得ません。

全肯定ではなく、許せないところをどう許していくか。ダメなところと、どう折り合いをつけていくか。それが大人の知恵ではないでしょうか。

おわりに——おバカ語を愉しむ

●若者の日本語だけ乱れている?

この数年、日本語ブームといわれています。『声に出して読みたい日本語』、『問題な日本語』などが次々とベストセラーになり、『あなた説明できますか?』、『クイズ!日本語王』、『タモリのジャポニカロゴス』などの日本語バラエティ番組も放送されました。

日本語ブームで必ず話題になり、叩かれるのは、「若者の乱れた日本語」です。しかし、実際には、叩いている大人たちも、いままで紹介してきた「おバカ語」を使っているものです。

日本語を使う限り、すべての世代、すべてのコミュニティのなかに、そのなかで通じる仲間的な言葉があります。若者が大人語を理解できず使えないことが問題なのであれば、大人が若者語を知らないことも同じくらい問題かもしれません。

もちろん、若者が大人語を覚えなくていいと言っているわけではありません。就職するときや、彼氏や彼女の親にはじめて会うときなど、大人がキャスティングボートを握っているときには、大人語を使えるほうがよいに決まっています。TOEFLで一定の点数を取らないと留学ができないのと同じように、大人語を知らなければ大人社会に入れてもらえない、というのも事実なのです。

こういった認識をお互いに持っていることがまず大前提だと思うのです。

大人も、若者に「お前の日本語が乱れている」とただ説教するのではなく、「君と分かり合いたいので、私の日本語を使ってほしい」というスタンスで話しかけたほうが、お互いにとってずっと効率的だと思います。

二〇年もたてば、その若者たちが社会の中心にくるわけです。

そのときに彼らの文化を知らなければ、「年を取っていて使えない」と今度は自分が言われることになります。

いまから若者とコミュニケーションをとれるようにしておけば、後々、役に立つというものです。

そもそも、すべての日本人が同じ日本語を話していると思うのが誤解なのです。世代やコミュニティが違えば、使われている日本語も違い、お互いに「翻訳」が必要となるのです。

同じ日本語を使っていると思い込んでいるから、世代間のコミュニケーションギャップが絶えず生まれているわけで、同じ日本語ではないという認識に立つことでやっとコミュニケーションができるようになります。

●大人の「業界語」は、子どもの「うんこ語」

むしろ、若者の使う乱れた日本語よりも、大人たちの使う業界語のほうが、なんだか気持ちの悪い日本語だったりします。代理店語で紹介した「○○社さんとは、よくお仕事させていただいています」などは、美しい日本語とは言いがたいものです。

しかしこういった気持ちの悪いおバカ語は、口にしているうちにヘンな快楽が生まれてくるのです。それは子どもが「うんこ」や「ちんこ」という、大人に叱られる言葉を喜んで口にするのとあまりかわらないのかもしれません。

このように口にするだけでテンションが上がり、快楽が生まれるような言葉はとても強い力をもち、広がっていくものです。

流行語も同じような構造でしょう。

またおバカ語の楽しさは、それを口にすることで、その言葉が通用する世界に入れたと思えることにもあります。

これは、知らない国へ行ったときに、現地の人が片言の日本語で「オイシイ？」と聞いてくれ、こちらも片言の現地語で「ボーノ！」や「ハオチー！」などと返事をして、「おお、通じている」といううれしさと同じようなものです。

その世界でしか通じない言葉を覚える楽しさ、通じる楽しさというのは、外国旅行の醍醐味《だいごみ》の一つです。

これと同じことが日本語のなかにもある、ということなのです。

●言葉は「趣味」の問題

ここまで読んできていただいても、「それでも俺は若者の言葉は許さん」という方もいるでしょう。それはそれでかまわないと思います。なぜなら、言葉は趣味性の強いものでもあるからです。

いまだに旧かなにこだわる人だって少なくありません。俳句や短歌を詠む人の使う日本語、HIP HOPを歌う人の日本語が違うのも当たり前です。育ってきた環境や感覚で、言葉の好き嫌いや趣味は自ずと生まれてきます。

ですから、自分の使っている言葉が趣味で発せられているものだということをわかっておくことが大事なのです。そして相手の使う言葉も相手の趣味なのです。

もちろんNHKアナウンサーが、ニュースの放送で「超ありえない」というわけにはいかないでしょうが、プライベートで使うことは問題ありません。言葉にTPOがあるのは当然のことです。

そしてよく言われることではありますが、言葉は大きく変化するものです。平安時代の日本語を私たちはそのまま読み下すことはできませんが、一〇〇年ほど前の明治時代の新聞だって、もはやそのまま読むことはかなり難しいものです。正しい日本語などというものは、そもそも存在しないのです。

●新しいものは何かを破壊し、何かを創造する

若者語を許せば、日本語が破壊されるとも言われます。

このように、新しい世代や新しい文化は、いまある文化を破壊すると思われるものです。しかし破壊するだけでしょうか?

たとえば、口承文学というものがあります。

これは文字の使用が広がる前に、口伝えによって語りつぎ、歌いつがれてきた文学で、世界中に存在するもっとも古い文学の形です。しかし、それぞれの民族で文字の

使用が広がることによって、物語を覚える人々は大きく減りました。

当時はこれもきっと「文字ができて物語を覚えなくなり嘆かわしい」と問題になったことでしょう。

しかし現在の私たちは、文字のない生活などは考えられません。物語を覚えるかわりに、文字によって、記録性や伝播《でんぱ》性など、もっともっと大きなメリットを得ているからです。

最近でも、メールや携帯電話は失礼で、固定電話のほうが礼儀正しいという人は根強くいます。しかし固定電話の歴史もたかだか一〇〇年ちょっとです。電話ができた当時は、もちろん「電話など失礼だ」と問題になったでしょう。

仮にメールや携帯電話のない時代には戻れたとしても、電話のない時代に戻ることはかなりむずかしいでしょう。

このように新しい文化によって、破壊されるものはあります。けれどもう一方で、創造されるものもあるのです。言葉はその象徴的な存在といえます。

●言葉を知ることはかっこいい

大人たちに若者の使う日本語を知ってほしいということだけではありません。若者にもぜひ大人の使う日本語を知ってほしいのです。

そもそも「知る」ということはかっこいいことです。そして知ることによってはじめて批判もできるのです。しかも言葉は知ることがそんなに困難でないのに、上手に使える人は、かなりかっこよく見えるものです。

言葉を上手に使える人は、大人や社会などに受けいれられやすくなります。これはホリエモンや亀田《かめだ》兄弟を見れば明らかでしょう。彼らは大人に通じる言葉を使おうとしなかったばかりに、大人たちに嫌われてしまったのです。

一方で大人たちが大好きなのは、実力もあり、大人に通じる言葉が使えるハンカチ王子でありイチローであり、松井秀喜《まついひでき》なのです。

「それでも俺は大人には迎合《げいごう》しない！」という若者は、それも趣味ですから止めはしませんが、かなりの困難を伴うことを覚悟してください。そして、なぜかそういうことをいう若者に限って、大人になると、若者叩きをうれしそうに始めることが多いので、それはぜひやめてほしいものです。

●なぜ現代の日本語は「翻訳」が必要なのか

現代の日本は、戦争に参加した世代がいて、団塊の世代がいて、バブル世代がいて、団塊ジュニア、バブルジュニア世代がいる。

一つの社会のなかに、これだけの異なった経験をした世代がいるのは、たしかに特殊な状況でしょう。

そして、それに伴い、いろいろな文化やメディアが短期間に生まれて消えていきました。電話さえ珍しかった祖父母の世代から、携帯を使いこなす孫の世代までが、同じ時代を生きているわけです。

言葉がそれぞれの世代によって、大きく異なっているのは当たり前のことでしょう。

もはや同じ日本語といっても「翻訳者」が必要な時代となっているのだと思います。

本書はむやみに若者や若者語、変な大人語を礼賛《らいさん》するものでもないし、頭ごなしに否定して批判するものでもありません。

なぜその言葉が生まれたのか？　その背景を知り、なぜ広まったのかを考えることはとても面白いことです。言葉を知ることで、現代日本のありようと、自分の立ち位置、自分と社会との関係が見えてくるのではないでしょうか。

とはいえ、「おバカ語」の本ですから、単純に愉しんでいただければ幸いです。

二〇〇七年十月

深澤真紀《ふかさわまき》

編集協力　橋中佐和

キリトリ線

★読者のみなさまにお願い

この本をお読みになって、どんな感想をお持ちでしょうか。次ページの「100字書評」(原稿用紙)にご記入のうえ、ページを切りとり、左記編集部までお送りいただけたらありがたく存じます。今後の企画の参考にさせていただきます。また、電子メールでも結構です。

お寄せいただいた「100字書評」は、ご了解のうえ新聞・雑誌などを通じて紹介させていただくこともあります。採用の場合は、特製図書カードを差しあげます。

なお、ご記入のお名前、ご住所、ご連絡先等は、書評紹介の事前了解、謝礼のお届け以外の目的で利用することはありません。また、それらの情報を六カ月を超えて保管することもありません。

〒一〇一―八七〇一　東京都千代田区神田神保町三―六―五　九段尚学ビル
祥伝社　書籍出版部　祥伝社新書編集部
電話〇三(三二六五)二三一〇　E-Mail : shinsho@shodensha.co.jp

★本書の購入動機(新聞名か雑誌名、あるいは○をつけてください)

＿＿＿＿新聞の広告を見て	＿＿＿＿誌の広告を見て	＿＿＿＿新聞の書評を見て	＿＿＿＿誌の書評を見て	書店で見かけて	知人のすすめで

★100字書評……思わず使ってしまう おバカな日本語

名前

住所

年齢

職業

深澤真紀　ふかさわ・まき

1967年、東京生まれ。編集者、コラムニスト。早稲田大学第二文学部卒業。複数の出版社で編集者を務めた後、98年に企画会社タクト・プランニングを設立、代表取締役に就任。書籍・雑誌・サイトのプロデュース、作家のマネジメントや、若者、女性、サブカルチャー、食、旅など、様々なテーマで連載や講演を行なう。著書に『平成男子図鑑――リスペクト男子としらふ男子』（日経ＢＰ社）など。
公式サイト http://www.tact-planning.com

思《おも》わず使《つか》ってしまう　おバカな日本語《にほんご》

深澤真紀《ふかさわまき》

2007年11月5日　初版第1刷発行

発行者……………深澤健一
発行所……………祥伝社しょうでんしゃ
〒101-8701　東京都千代田区神田神保町3-6-5
電話　03(3265)2081(販売部)
電話　03(3265)2310(編集部)
電話　03(3265)3622(業務部)
ホームページ　http://www.shodensha.co.jp/

装丁者……………盛川和洋　イラスト……………武田史子
印刷所……………萩原印刷
製本所……………ナショナル製本

Printed in Japan　ISBN978-4-396-11091-8　C0281

〈祥伝社新書〉
大評判のベストセラー！

042
高校生が感動した「論語」
慶應高校の人気ナンバー1教師が、名物授業を再現した、
現代人のためのわかりやすくて、役に立つ「論語」入門
元慶應高校教師 佐久 協《やすし》

044
組織行動の「まずい!!」学
どうして失敗が繰り返されるのか
JR西日本、JAL、雪印……
「これは、ちょっとまずい！」と思ったことを、そのままにしてませんか？
警察大学校教授 樋口晴彦

052
人は「感情」から老化する
前頭葉の若さを保つ習慣術
老化の元凶であり、四〇代から始まる「感情の老化」。
脳トレより習慣術で、「感情年齢」を若返らせよう！
精神科医 和田秀樹

074
間《ま》の取れる人 間抜けな人
人づき合いが楽になる
イッセー尾形の名演出家が教える「人をひきつける」極意。
「間」と「沈黙」の効用を、もう一度見直そう！
演出家 森田雄三

〈祥伝社新書〉
大好評！ “懐しの日本”を知る

035
神さまと神社
日本人なら知っておきたい八百万《やおよろず》の世界
「神社」と「神宮」の違いは？ 教義・経典はあるのか？ 女性も神主になれるか？ etc.
知っているようで知らない「根本知識」が満載！
井上宏生《ひろお》

043
日本の名列車
『鉄道ジャーナル』生みの親で、現役編集長による、
昭和・平成の「生きた鉄道史」
竹島紀元《としもと》

048
YS-11 世界を翔《か》けた日本の翼
東京オリンピックの聖火を運んだ、
国産初の旅客機の41年間を丹念に辿る
中村浩美

053
「日本の祭り」はここを見る
百万人の「祭り」から、知る人ぞ知る隠れ里の祭りまで。
全国のお祭りマップ、カレンダー、アクセス・ガイドつき
八幡和郎・西村正裕